Elfriede Feudel

Dynamische Pädagogik

Elfriede Feudel

Dynamische Pädagogik

Eine elementare Anleitung für rhythmische Erziehung in der Schule

GEORG KALLMEYER VERLAG · WOLFENBÜTTEL

28 Zeichnungen

Druck: CW Niemeyer, Hameln. Printed in Germany.

ISBN 3 7800 6033 7

Georg Kallmeyer Verlag, Großer Zimmerhof 20, 3340 Wolfenbüttel.

Bestellnummer: 6033

Vorwort

Dynamisch-elementare Pädagogik

Die Frage, ob eine Erziehung zur freien, natürlichen, „rhythmischen" Bewegung von Wert oder vielleicht sogar notwendig zur Entwicklung von Geist und Persönlichkeit sei, ist von der Erzieherschaft noch keineswegs eindeutig beantwortet worden, obgleich die sogenannte rhythmische Arbeitsweise seit über fünfzig Jahren besteht.

Die Schulpädagogen, die leider noch selten eine eigene Anschauung oder Erfahrung auf diesem Gebiet haben, können in der Bewegung keine Beziehung zu ihrem besonderen Fach erkennen und lehnen sie daher als Zeitverschwendung ab. Andere Erzieher billigen ihr unter Einschränkungen und Vorbehalten eine gewisse Hilfestellung zu, so wenn die Fachmusiker hier eine Vorbereitung zum Instrumentalunterricht sehen (Jugendmusikschulen). Und nur ein sehr kleiner Teil der Lehrer- und Erzieherschaft, der sich näher mit der Bewegung beschäftigt hat, ahnt tiefere Zusammenhänge insbesondere mit der Psychologie und eine grundsätzliche Bedeutung über alles Fachliche hinaus.

Zu einem sachlich und praktisch fundierten Urteil zu gelangen ist kaum möglich, denn auf dem Gebiet der Erziehung gibt es kein Forum, das zuständig wäre, neue Ideen auf ihre Gültigkeit hin zu prüfen, wie das auf anderen Gebieten der Wissenschaft, die über Laboratorien und Forschungsstätten verfügen, selbstverständlich ist. Die durchaus wünschenswerte, ja dringend notwendige Stellungnahme der Ärzte, Theologen, Juristen, Biologen, insbesondere der Psychologen zum Problem der Bewegung ist leider noch nicht durchgedrungen. Es fehlt an Sachkenntnissen. Es fehlt oft auch an Interesse.

In den folgenden Ausführungen versuche ich auf einiges Wesentliche hinzuweisen. Es ist leider ein Versuch mit ungenügenden Mitteln, denn allein durch Beschreiben und Lesen läßt sich Bewegung nicht erfassen — keine Worte können erreichen, was der Bewegung möglich ist.

Ein Schweizer Kantonsrat, der über den Rhythmikunterricht an den Schulen seines Kantons sprach, sagte von der Rhythmik, sie sei „aussi primitive que raffinée“, um damit anzudeuten, daß sie sich nicht in Anfangsgründen erschöpfe, sondern auch dem Hochbegabten neue Wege weise.

Hier nun soll vorwiegend von dem „Primitiven“ gesprochen werden, von den ersten Schritten in ein neues Land, das sich erst dem eigenen Tun in seiner ganzen Ausdehnung erschließt. Es geht um allereinfachste Zusammenhänge, notwendigste Erfahrungen und eigenste Bemühungen um Gesetzlichkeiten, die das Dasein regieren. Mit anderen Worten: um Zucht, Ordnung, Disziplin — freilich unter dem Gesichtspunkt des Rhythmischen, das immer zugleich den Zugang zu festlichen Sphären, Harmonie, Vollendung, Schönheit in sich trägt.

In freier, lockerer Form, ausgehend von den Möglichkeiten, Anforderungen und Bedürfnissen der Schulerziehung, werden die Hauptmerkmale einer dynamischen und zugleich elementaren, das heißt rhythmischen Erziehung dargestellt, wie sie heute bereits von verschiedenen Seiten der Schule zuwachsen.

Es handelt sich um eine dynamische Pädagogik insofern, als die Bewegung als Bindeglied zwischen Geist und Körper angesehen und in den Prozeß des Lernens und Lehrens grundsätzlich einbezogen wird; dabei wird Bewegung in ihrer Beziehung zu Zeit, Raum, Kraft und Form ausgebildet und als notwendig zur Sinnerfüllung des Lebens in die Ganzheit der Person einbezogen werden. In dieser Wechselwirkung kommen die Grenzen zwischen den verschiedenen Fächern in Fluß oder werden hinfällig, auch wird der Schüler Partner und Mitarbeiter des Lehrers durch den methodischen Grundsatz des Führens und Folgens.

Elementar ist die Pädagogik, weil hier nur Fähigkeiten und Anlagen zum Ausgang genommen werden, die jedes Kind ins Dasein mitbringt und wie sie von der Natur in frühesten Lebensjahren selbst angesprochen und verwendet werden, um das Kind lebensfähig zu machen. Diese Betätigung muß von der Pädagogik bewußt fortgesetzt werden, um den vorhandenen Reichtum sinnvoll weiterwachsen zu lassen. Alles, was der eigene Organismus bietet, wird verwendet, künstliche Apparate und Hilfsmittel nach Möglichkeit vermieden.

Als höchstes Ziel der Erziehung gilt der harmonische, in sich selbst gefestigte, aufrechte und gottesfürchtige Mensch.

Was kann der einzelne Erzieher tun, der die Notwendigkeit der Bewegung einsieht, helfen möchte und sich nicht mit dem Abwarten begnügt?

Die im folgenden angedeuteten Übungen oder Aufgaben, die den Anfang einer dynamischen Pädagogik oder einer Pädagogik des Elementaren bilden, können von jedem Erzieher und jeder Schülergruppe versucht, kontrolliert und, wenn möglich, weitergeführt werden. Sie gelten für den normalen, durchschnittlich begabten jungen Menschen, also den noch nicht geschädigten, von der Bahn des Gesunden abgewichenen und hilfebedürftigen Menschen — das ist die Aufgabe einer besonderen Heilpädagogik im Sinne der Rhythmik.

Der berufene Erzieher, das heißt derjenige, der trotz aller kläglichen Zeiterscheinungen und Krankheiten an dem Glauben festhält, daß der Mensch unerhörte und noch nie beanspruchte Reserven besitzt, wird den Sinn einer solchen Pädagogik verstehen, die bewußt zum Gleichgewicht erzieht.

Wir können nur in der Hoffnung auf eine andere und glücklichere Zukunft handeln im Sinne des Satzes, den Goethe an Hegel schrieb, als er ihm seine Farbenlehre vorstellte: „Es ist hier die Rede nicht von einer durchzusetzenden Meinung, sondern von einer mitzuteilenden Methode, deren sich ein jeder als eines Werkzeugs nach seiner Art bedienen möge."

INHALT

Einleitung

Kleine Ansprache an den Lehrer

Es ist wahrscheinlich, daß eine kleine Anzahl von Lehrern der Volks- und höheren Schule bereits die neuen Gedanken einer dynamisch-elementaren Pädagogik in ihrem Unterricht befolgen, andere Lehrer sie wohl bejahen und gern mitarbeiten würden, aber eine gewisse Unbehaglichkeit empfinden, wie sie die Praxis gestalten sollen. Das ist sehr verständlich. Denn der Lehrstoff der rhythmischen Arbeitsweise: Zeit, Raum, Kraft und Form, ist weder sichtbar noch greifbar, auch in keinem Lehrbuch niedergelegt, zudem wird immer darauf hingewiesen, daß man sich die Praxis selbst erarbeiten müsse und sie keinesfalls aus einer Aufgabensammlung ablesen und nachmachen könne. Andere Erschwerungen kommen hinzu: die Schüler sitzen nicht auf Bänken, sondern geraten in Bewegung und stellen den Lehrer vor eine von Grund auf veränderte Situation. Auch die Raumfrage und Zeitnot bilden Erschwerungen wie manches andere.

Warum denn alle diese Hindernisse? Ist man heute dazu erzogen und daran gewöhnt, die Bequemlichkeit in jeder Lage der Unbequemlichkeit vorzuziehen, ja sie als gutes Recht zu betrachten?

Lieber Lehrer, der Sie die ersten Schritte auf dem neuen Wege machen wollen, lassen Sie es sich gefallen, einige Vorschläge und Ratschläge entgegenzunehmen, die Ihnen den Entschluß erleichtern sollen. Sie sind ganz primitiver Art und werden Ihnen gerade deshalb von Nutzen sein.

Ehe Sie anfangen können, Ihre Schüler auf rhythmische Aufgaben hin zu bewegen, kümmern Sie sich um den Raum, in dem Sie arbeiten müssen. Es ist seltsam, daß es in den zahlreichen, neu erstellten, z. T. luxuriös eingerichteten Schulen meist an einem geeigneten leeren Raum fehlt. Die Turnhalle dient anderen Zwecken, und die Arbeit draußen ist für den Anfang durchaus nicht zu empfehlen, da zum Erleben des Raumes die Grenzen gehören, die draußen nicht vorhanden sind. Und doch sollte gerade in der heutigen Zeit der Überfüllung und Vermassung der einfache, leere Raum jedem jungen Menschen zu einer Grunderfahrung werden, da diese Erfahrung zur menschlichen Entwicklung unersetzlich notwendig ist. (In einer Volksschule der Großstadt, die mit feststehenden Bänken vollbesetzt war, konnte die Rhythmikstunde nur so gegeben werden, daß abwechselnd die Schüler einer Bank übten, während die anderen zusahen.) Man möchte auch eine Wandtafel und einige Geräte zur Hand haben: Bälle, Reifen, Stäbchen und anderes, das sich leicht ergänzen läßt und einfach zu beschaffen ist.

Die wichtigsten Voraussetzungen zum Gedeihen des Unterrichts bestehen zunächst darin, daß Sie Mut, Geduld und Ausdauer haben, ohne sich von Mißerfolgen sofort abschrecken zu lassen. Das erste, das Sie Ihren Schülern vermitteln möchten, ist die Erfahrung des Raumes. Die Frage an Sie lautet also: Wie bringe ich sie dazu, den Raum als Tatsache zu erfahren, als eine Wirklichkeit, die Ansprüche stellt und der man sich anpassen muß? Es ist Ihnen klar, daß bei jeder Aufgabe, die den Raum zum Gegenstand hat, auch die anderen Gegebenheiten der Rhythmik, nämlich Zeit, Kraft und Form, anwesend und mitbeteiligt sind, aber sie treten nicht hervor und werden dem Schüler nicht bewußt. Stellen Sie die Aufgaben, die dazu verhelfen sollen, deutlich, einfach und bestimmt, beobachten Sie dann das Verhalten der Sichbewegenden!

Zum Beispiel: Sucht euch einen Platz im Raum! Zeigt von diesem Platz aus, wo der Mittelpunkt ist, wo Boden, Türen, Fenster, Ecken usw. sind. Es wird nicht mit Worten geantwortet, nur gezeigt. Dazu die Glieder gebrauchen; kann man auch mit den Füßen zeigen, mit dem Kopf?

Die Sinne werden eingeschaltet: Wir schließen die Augen und probieren, ob das Tageslicht, von draußen kommend, trotz der geschlossenen Augen zu spüren ist? Ebenso die durch das geöffnete Fenster einströmende Luft? Wir üben hier den Tastsinn, der ganze Körper wird zum Aufnahmeorgan. Die Schüler können sich drehen, um die Quellen von Licht und Luft besser zu spüren, auch die Atmung kann helfen. Die ausgestreckten Arme mit den Fingerspitzen sind ebenfalls Tastorgane, vielleicht finden Sie noch eine Aufgabe für sie?

Bewegung vom Platz, frei im Raum umher: Geht jetzt im ganzen Raum umher und wieder zurück zum Platz. Um eine Ordnung herzustellen, schlagen Sie vielleicht ein ruhiges, gleichmäßiges Gangtempo auf dem Tamburin, nach dem sich alle richten. Oder aber Sie geben kein Tempo an, dann geht jeder Schüler in seinem eigenen Schrittmaß, soll es einhalten, ohne einen anderen anzustoßen, aber auch ohne stehenzubleiben und einen Schritt auszulassen. Das verlangt schon ein Steuern. Beobachten Sie das Verhalten des einzelnen, das von seinem Körperbau, seinem Temperament und dem Zustand seiner Nerven abhängt.

Verteilt euch in annähernd gleichen Gruppen in die vier Ecken des Raumes. Jede Gruppe tauscht mit der Partnergruppe den Platz, und zwar gleichzeitig. Es kommen sich also zwei Gruppen in der Mitte der Bahn entgegen und müssen einander ausweichen. Das soll ohne Hast, in ruhigem, gemeinsamem Tempo, das Sie angeben, in freier Haltung geschehen! Die Gruppen werden numeriert, gehen abwechselnd oder auch gleichzeitig alle vier in die bezeichneten Ecken, dabei begegnen sich also auch alle vier in der Mitte. Wenn dieses Ausweichen immer sicherer, geschickter und präziser gelingt, schließlich auch mit einem Schüler, der, in der Mitte stehend, Einsätze und Richtung mit der Hand dirigierend lenkt, sind wir bei einer Verkehrserziehung, wie sie im Straßenverkehr notwendig ist und wie sie gründlicher und sinnvoller gar nicht sein kann.

Dazu eine Bemerkung: In dieser Schrift finden sich bei den verschiedenen Kapiteln auch Beispiele von Aufgaben und Übungen, wie sie sich den einzelnen Themen und Kapiteln einordnen. Diese Beispiele können nicht dem Wortlaut nach einfach kopiert werden. Sie sind von ganz verschiedenen Schwierigkeitsgraden, gehen vielmehr ganz vom Stoff aus und greifen in sehr verschiedene Anwendungsgebiete hinein. Der Lehrer, der sich nach ihnen richten möchte, muß also auswählen, vorbereiten, seine eigenen Möglichkeiten und die Entwicklungsstufe seiner Schüler (geistig und körperlich) berücksichtigen, Hilfsübungen einschalten und die Übungen selbständig umändern, abwandeln und gruppieren. Diese letzte Übung z. B. ist zu schwer für den Anfang. Wenn es Ihnen gelingt, den Platzaustausch zweier Gruppen zu üben, so ist das genug. Wenn dagegen alle vier Gruppen zur gleichen Zeit in Bewegung sind, aus diesem Wechsel ein gutes Raumbild entsteht und schließlich eine Form sichtbar wird, so kann dies durchaus zum anschauenden Erleben der Kanonform führen, greift also ins Musikalische hinein. Ebenso kann das Durchschreiten des Raumes in Geraden und Kurven zum tieferen Verständnis der polyphonen und homophonen Stimmführung oder auch zu zeichnerischem Gestalten Anlaß geben. Mit der gleichen Folgerichtigkeit und vom gleichen Ausgangspunkt aus kann die Veranschaulichung fundamentaler Lehrsätze der Raumlehre beginnen, eventuell auf dem Schulhof, wo mehr Platz ist.

Wie reizvoll und lohnend aber auch immer der Brückenschlag von der Rhythmik zu den einzelnen Fachgebieten des Schulunterrichts erfolgen kann und wie unerschöpflich er besonders dann ist, wenn Sie (wie es das Ideal ist) selbst der Klassenlehrer sind und die Schüler im täglichen Schulbetrieb kennen, so sollten Sie, lieber Lehrer, doch ein anderes Ziel für noch wichtiger als die Beziehung zum Fachlichen halten und Ihre ganze Bemühung auf die Entwicklung und Formung Ihrer Schüler zu Ganzheit und Persönlichkeit richten, denn nur auf der Grundlage der geistig-körperlichen Beweglichkeit kann alles andere zwanglos gedeihen. Dazu dürfen die Aufgaben nicht zu große Anforderungen stellen, sie müssen in großer Ruhe, den notwendigen Wiederholungen und einfachsten Varianten dem Schüler Gelegenheit geben, sich selbst zu kontrollieren.

Deshalb sollten Sie sich bei dieser letzten Aufgabe damit begnügen, das Begegnen und Ausweichen nur zweier Gruppen zu üben und es als Vorübung für spätere Ergänzung anzusehen.

Reicht die Zeit noch aus, so sollten Sie jetzt zum friedlichen Abschluß vielleicht die Bälle vornehmen lassen, wobei bereits dies Vornehmen eine rhythmische Übung darstellt: die Bälle liegen an gut sichtbarer Stelle, etwa auf einem Tisch in der Mitte des Raumes. Die Schüler gehen in freier Reihenfolge, aber nie zwei auf einmal, und holen sich, ohne ihren Schritt zu unterbrechen, einen Ball heraus und tragen ihn zum Platz zurück. Bis alle einen Ball haben, spielt der einzelne, wie er will. Dann heißt die erste Aufgabe, die Sie stellen: Es soll geworfen und gefangen werden. Sie werden beobachten, daß dies bei einigen unruhig, ja atemlos aussieht. Wir wollen daher nicht im Zweitakt, sondern in einem dreiteiligen Ablauf spielen: Ausholen, Werfen, Fangen; probiert es, sprecht dazu! Die Betonung liegt bei dem Werfen. Das sieht in Notenwerten so aus:

♩ | ♩ ♩   ♩ | ♩ ♩

Das erfordert einiges Hinsehen auf die anderen und muß geübt werden. Die Schüler müssen begreifen, daß es nicht darauf ankommt, so hoch oder so schnell wie möglich zu werfen, sondern daß die Kraft, die hier gebraucht wird, dosiert und gelenkt werden muß, um mit allen anderen zusammenzubleiben und die gemeinsame Ordnung zu respektieren. Man könnte dazu singen, entweder improvisieren oder ein Lied im Dreitakt mit Auftakt wählen, das alle kennen. Dabei beobachten, ob die Schüler bereits die Ballbewegung zu dem Lied in Beziehung setzen und den Auftakt wahrnehmen. Die Stunde soll friedlich, ohne besonderen Stimmaufwand zu Ende gehen, die Bälle werden zurückgebracht.

Mit der Stunde ist Ihre Arbeit nicht zu Ende, lieber Lehrer. Wollen Sie dauernden Nutzen davon haben, so sollten Sie eine gründliche Rückbesinnung anschließen. Es ist ratsam, die Stunde im voraus sorgfältig zu planen, nachträglich aber den tatsächlichen Verlauf, der oft anders ist als der geplante, aufzuschreiben.

Einige Fragen werden Ihnen kommen: Wie war es mit der Disziplin? Haben Sie trotz der Abwesenheit von Kommando und Lehrautorität erreichen können, daß die freie Bewegung ruhig fließend in gemeinsamer Ordnung ablief? (Ein Erfahrungssatz der Rhythmik lautet: An jedem Versagen der Schüler ist der Lehrer schuld!) Haben Sie Besonderheiten körperlicher oder geistiger Art an Ihren Schülern beobachtet, oder waren Sie vollauf mit Ihren eigenen Problemen beschäftigt? Sind Ihnen einzelne aufgefallen und wodurch? Gab es Linkshänder? (Beide Hände sind gleichmäßig zu üben!) Wie war das soziale Verhalten, waren alle gleich kontaktfähig, rücksichtsvoll und hilfsbereit oder fahrig nervös? Wie war die Kopfhaltung, die Atmung, der Gesichtsausdruck?

Haben Sie für rechte Abwechslung der Übungen gesorgt? Oder haben Sie zuviel auf einmal verlangt, waren Sie zu hastig, schwerfällig, langweilig? Konnte Freude aufkommen und fröhliches Beteiligtsein? Sind die Schüler aufmerksam geworden auf Zeit, Raum, Kraft und Form als den eigentlichen Gesetzgebern der Bewegung? Haben sie Fragen gestellt, und konnten Sie dieselben beantworten, oder blieben diese Zusammenhänge und Gegebenheiten noch ganz im Unbewußten?

Wenn nicht alles nach Ihren Wünschen ausfiel, seien Sie nicht mit sich selbst unzufrieden. Denn die Aufgabe ist in der Tat, und ganz besonders im Anfang, schwer. Der hier gemeinte Lehrstoff ist wohl vorhanden, so ursprünglich und lebensnah wie kein anderer, aber er muß erst entdeckt werden, strebt nicht nach Lob und Anerkennung, steht und fällt mit der Liebe und Freude, die ihm die Schüler entgegenbringen, und der Geschicklichkeit des Lehrers, der sie einführt.

Hier wird die in jedem rechten Erzieher schlummernde pädagogische Kunst recht eigentlich angerufen und wirksam.

Suchen Sie jede Möglichkeit und Gelegenheit zur Teilnahme an den öffentlichen Einführungs- und Fortbildungskursen der rhythmischen Erziehung, um von dort Anregung und Kontrolle zu gewinnen. Aber arbeiten Sie daneben unverdrossen auf dem eigenen Arbeitsfeld weiter. Hier sind Sie Forscher und Entdecker, haben Sie das edelste Material vor sich, und alle Ihre Bemühungen tragen bei zu der dringlichsten Aufgabe, die heute der Erziehung gestellt ist, unsere Jugend mitten in der Überflutung mit Reizen und Künstlichkeiten zu sich selbst zu führen, zur harmonischen Persönlichkeit heranzubilden.

Herkunft der rhythmischen Erziehung

Unter den großen Erzieherpersönlichkeiten in der Geschichte der Menschheit hat der Schweizer Musikpädagoge Émile Jaques-Dalcroze eine besondere, weit über sein Land hinausreichende Bedeutung erlangt. Er hat sein Leben, Wirken und Forschen einer brennenden, aber praktisch noch kaum in Angriff genommenen Frage gewidmet: ob es denn möglich sei, Geist und Körper des Menschen in eine gesunde, natürliche und wesentliche Ausgewogenheit und Beziehung zu bringen, so daß dadurch das Gleichgewicht, die Harmonie oder Ganzheit gefördert würde.

Er erkannte als erster die *Bewegung* als Brücke, die den Menschen sowohl mit sich selbst, seinem eigenen Inneren, wie auch mit seiner Umwelt verbindet, und sah, daß deren Qualität zu erhalten eine unabdingbare Aufgabe der Erziehung sein müsse.

Er erkannte das große Gesetz der Polarität und Steigerung (nach Goethe die beiden Triebräder der Natur), indem er Musik und Körperbewegung im Raum als gleichwertige Pole in Wechselbeziehung brachte und dadurch beide zur Steigerung führte.

Dalcroze ist auf diese Weise zum Begründer der dynamischen und elementaren Pädagogik geworden. Seine Schüler aus allen Erdteilen, die mit Liebe und tiefer Verehrung an ihm hängen, haben seine Idee seit Anfang des Jahrhunderts weiter erforscht und in die Praxis übertragen — es geschah in der Stille vieler einzelner Arbeitsplätze und hat sich als eine Quelle von immer neuen Erkenntnissen und Ergebnissen erwiesen. Von dem Wert der sogenannten rhythmischen Arbeitsweise und ihrer besonderen Auswertung für die Musikerziehung und die Heilpädagogik ist manches einer größeren Öffentlichkeit bekannt geworden und darf als anerkannter Teil deutscher Erziehung angesehen werden. Vieles bleibt noch der Zukunft überlassen, denn das Thema ist unerschöpflich.

Wie steht es aber mit der rhythmischen Arbeitsweise in der Schule? Nur an sehr wenigen Stellen hat es bisher eine Berührung gegeben, auch fehlt es ganz an Lehrern, die mit der rhythmischen Arbeitsweise vertraut sind. Ist die hier angestrebte Bildung zur Harmonie, zur Ganzheit im heutigen Schulwesen überhaupt realisierbar? Kann sie gutgeheißen werden?

Einer tatsächlichen Einführung der Rhythmik in die Schule stehen viele Bedenken entgegen. Denn die vorbehaltlose Anerkennung der Bewegung als gleichwertig mit dem Wort, wie sie der rhythmischen Erziehung zugrunde liegt, innig einbezogen in den gesamten Prozeß des Lehrens und Lernens, würde im Bereich der Schule nicht auf ein einzelnes Fach beschränkt bleiben, sondern allmählich alle Fächer mit neuen Impulsen durchdringen, den Bau der bisherigen Pädagogik von Grund auf angehen. Solche entscheidenden Fortschritte können nicht organisiert, gelenkt und veranlaßt werden; sie brauchen ein ruhiges Wachstum und sind angewiesen auf Verständnis und Interesse, wohlwollende Sympathie von seiten der Schulleitung, der Eltern und Kollegen. Wir leben dagegen in einer Zeit der Hochspannung und Leistungssteigerung auf allen Gebieten und um jeden Preis, dazu in einer Periode der Angst vor der nächsten Zukunft und ohne den inneren Halt, den frühere Generationen noch besaßen. Auf öffentliche Unterstützung einer eigentümlich besinnlichen Pädagogik, etwa die Einrichtung einer Modellschule im Dienst der rhythmischen Erziehung, Sorge für die Ausbildung von Lehrern in der rhythmischen Arbeitsweise oder ähnliche Hilfegebung, ist daher schwerlich zu hoffen. Man erinnert sich an das chinesische Sprichwort: „Wer einen Tiger reitet, kann nicht absteigen", und begreift das Zurückweichen vor scheinbar unzeitgemäßem Denken und nach innen gerichtetem Tun.

Das darf freilich nicht zur Resignation führen. Ruhigere Zeiten werden auf die bewegten folgen, die Teilnahme an Fragen der Erziehung wird sich wieder mehr klären und das Bedürfnis nach einer Erneuerung aus den Quellen sich erneut einstellen. Eine Tatsache hat sich uns Lehrern der rhythmischen Erziehung tief eingeprägt und ist zur unverlierbaren Überzeugung geworden: Körper und Geist des Menschen können beziehungslos nebeneinanderlaufen und sich gegenseitig sogar feindlich sein, sie können aber auch einander befruchten und unerhört steigern. Die Vereinigung und Ergänzung beider ist nicht dem Zufall überlassen, sie kann eine eigene pädagogische Aufgabe werden. Eine Methode dafür ist erprobt und bewährt.

Diese fängt in der Bewegungserziehung an, da die Bewegung die Mitte und Verbindung von Geist und Körper ist.

Es ist die Aufgabe des Lehrers, dieses wunderbare Wechselspiel der beiden Wesensanteile in Gang zu bringen. Für ihn wie für seine Schüler strömen auf diesem Gebiet die eigentlichen Quellen des Reichtums menschlicher Art, und hierin erweist sich die Pädagogik als die Kunst der Menschenführung. Daß diese Kunst einmal der Schule zugute kommen möchte, ist nur möglich bei Mitarbeit vieler Menschen, die sich dafür aufschließen und mithelfen wollen. Wir leben in einer Zeit nicht der Vollendung, sondern der Vorbereitung.

ERSTER TEIL

1. Das Wesen der Bewegung

Rhythmus bedeutet in der Natur die Ordnung im Ablauf, die sich ohne Ein- und Mitwirkung des Menschen darstellt im Wechsel der Jahreszeiten, von Tag und Nacht, in jeder natürlichen Bewegung der Wolken, Winde, Wellen, Flüsse und Meere vom großen bis ins kleinste. Rhythmus ist Erneuerung der Bewegung aus sich selbst, das „sanfte Gesetz" Stifters.

Der Tagesrhythmus beeinflußt den Menschen auch unbewußt. Durch den Rhythmus der Atmung bedingt, ist der Mensch wie alle Geschöpfe in die rhythmische Ordnung einbezogen und kann ihr nicht völlig entgehen, aber wohl sich mehr und mehr davon entäußern und damit in Unordnung geraten, bis von dem Satz „Gott schuf den Menschen sich zum Bilde, zum Bilde Gottes schuf er ihn" wenig übrigbleibt. Die Verzerrung und Verwilderung spiegelt sich heute sehr deutlich in den Gesichtern, aber auch an vielen Orten in der Kunst.

Der leibhaftige, lebendige Mensch bleibt dennoch dem Rhythmus stets unterworfen. Nur der gespenstische, der Maschine sich angleichende erdachte Roboter oder erdichtete Mensch ist ohne Rhythmus. Wir sehen das Bild dieses Menschen in der bildenden Kunst, wenn der Mensch in gewollter Verzerrung aller Konturen oder nur in einzelnen Bestandteilen abgebildet wird im Surrealismus. Wir sehen ihn in der Dichtung erscheinen, wenn, wie bei Kafka, die Menschen sich nicht mehr in ihren Handlungen in Raum und Zeit einordnen, sondern ins Symbolhafte, Unbegreifliche verschwimmen, wir sehen es im künstlerischen Tanz, wenn hier absichtlich die Grenzen zwischen den Geschlechtern verwischt werden, wir sehen es sich ankündigen in den leeren, verzerrten Zügen der Menschen ohne Heimat, ebenso in den verkrampften oder allzu schlappen Bewegungen und Gesten der Zeitgenossen. Die völlige Unordnung des Bewegungslebens ist der stärkste Ausdruck der Gefahr. Denn mit dieser Unordnung, dieser Unbeherrschtheit der motorischen Nerven hängt aufs engste die Fehlleistung der sensorischen Nerven zusammen. Hören, Sehen, Tasten: die drei Hauptsinne nehmen nur noch schwach auf, ohne zu verarbeiten. Das ist wie eine Nahrungsaufnahme ohne Verdauung. Ein Auge aber, das nur funktioniert, glotzt. Ein Auge, das kalt wahrnimmt, registriert. Nur das Auge, das das Geschehene einordnet und mit Sinn erfüllt, schaut.

Rhythmus: niemals Zustand, sondern Geschehen, nur im Fluß der Bewegung wahrnehmbar, nicht zu greifen, stets neu zu erwerben, stets Gegenkräfte voraussetzend, zwischen denen ein Ausgleich gesucht wird; also mit dem Gesetz der Polarität aufs engste zusammenhängend.

Rhythmisches erleben heißt: sich einer Strömung hingeben, überlassen, die wir nicht lenken können, von der wir aber getragen werden. Es bedeutet daher auch: abwarten können, etwas auf sich zukommen lassen.

Wir können der rhythmischen Ordnung im Kosmos auf Grund unseres eigenen rhythmischen Empfindens zugesellt sein. Diese eigene rhythmische Empfindung ist im Blutkreislauf und in der Atmung verwurzelt. Da Leib und Geist in beständiger Wechselwirkung stehen, können wir die rhythmische Ordnung auch bewußt erleben. Das haben wir in der Erziehung bisher nicht erstrebt. Vielmehr hat sich der Mensch schon seit langer Zeit mehr und mehr herausgelöst. Je mehr das geschieht, um so mehr verliert er an menschlicher Sicherheit und damit an Substanz. Das Menschenbild verzerrt sich.

Der Körperbewegung wird heute ein großer, fast übertriebener Wert (man denke an die Sportvergnügungsindustrie) beigemessen. Sie wird als Eigenwert und Selbstzweck angesehen und hat in der Erziehung einen unbestrittenen Platz. Ihr gesundheitlicher Wert ist überzeugend, die Muskelfunktion muß geübt werden, um Gesundheit und Tüchtigkeit des Leibes zu gewährleisten. Sie kann durch Übung gesteigert, gemessen, durch entsprechendes Training zu Leistung und Perfektion entwickelt und in beruflicher Beziehung als Geschicklichkeit und Einfühlsamkeit in die verschiedenen Techniken genützt werden.

Angenehme Bewegungen erregen Wohlgefallen, und ganze Industrien stehen zur Verfügung, um dem Kult des Schönen in der Bewegung zu dienen. Auch hier ist Bewegung Selbstzweck mit dem Streben nach Leistung, Perfektion, ja Sensation.

Die Bewegung hat noch eine andere, für die Erziehung unerläßliche, wenn auch heute fast vergessene Aufgabe: Sie ist nicht allein Selbstzweck, Eigenwert, sondern einfach *dienend.* Sie ist die Mitte, das einigende Band, das den Menschen mit sich selbst, seinem eigenen Organismus verbindet wie mit seiner Umwelt. Betrachten wir den Menschen als Pol mit einer bestimmten, nur ihm eigentümlichen Ausstrahlung, so ist die Bewegung die Brücke, die ihn mit anderen Polen in Beziehung setzen kann. Ohne sie bleibt er isoliert und kontaktlos für sich allein.

Sobald die Bewegung in dieser Art dient, also nicht bestimmend, sondern hilfreich ist, erweist sich ihre enge, natürliche Zusammengehörigkeit mit der Beweglichkeit des Geistes, indem Tun und Denken einander steigern und kontrollieren.

Wir lesen in Goethes „Wilhelm Meister": „Denken und Tun, Tun und Denken, das ist die Summe der Weisheit, von jeher anerkannt, von jeher geübt, nicht eingesehen von einem jeden. Beides muß wie Aus- und Einatmen sich im Leben ewig fort und wieder bewegen, wie Frage und Antwort sollte eines ohne das andere nicht stattfinden. Wer sich zum Gesetz macht, was einem jeden Neugeborenen der Genius des Menschenverstandes heimlich ins Ohr flüstert, das Tun am Denken, das Denken am Tun zu prüfen, der kann nicht irren, und irrt er, so wird er sich bald auf den rechten Weg zurückfinden."

Wenn man einmal zu der Überzeugung gelangt, daß Bewegung den Sinn hat und das unentbehrliche Mittel darstellt, den Menschen mit sich selbst und seiner Umwelt zu verbinden, dann wird auch der Mangel der heutigen Erziehung offenbar, die diesen Zusammenhang nicht kennt und fast ausschließlich das Lernen an Gedächtnis und Nachahmung bindet, dafür den dritten großen Lernweg außer acht läßt — den dritten Lernweg, der über die Erfahrung geht und die Sinnestätigkeit dazu braucht.

Hier ist also Erfahrung nicht so gemeint, wie sie oft verstanden wird („Erfahrung" als das, was man nicht zu erfahren wünscht), sondern im Gegenteil die mit Freude verbundene Erfahrung alles dessen, was man zu erfahren angeleitet wird und zu wissen wünscht.

An dieser Stelle erhebt sich die Frage, ob das Lernen in der Schule wirklich so oft mit Unlust und Zwang vor sich gehen, die Jahre in der Schule eher als eine Beeinträchtigung denn Bereicherung empfunden werden müssen. Sollte das nicht darauf hindeuten, daß ein Element, das dem Kinde dringend notwendig sei, ihm vorenthalten bleibt? Ich erinnere an den Satz der Helen Keller, die sich, taub und blind, ihr Studium erkämpfen mußte: „Wir sollen unsere Bildung betreiben, als wollten wir einen Spaziergang aufs Land machen, in voller Muße und mit Sinnen, die für die Eindrücke aller Art ihre Tore weit geöffnet haben. Wissen ist Glückseligkeit, denn der Besitz von Wissen, umfassendem tiefem Wissen, ist gleichbedeutend mit der Fähigkeit, wahre Zwecke von falschen und erhabene Dinge von niederen zu unterscheiden. Die für den Fortschritt der Menschen entscheidenden Gedanken und Taten kennen heißt den gewaltigen Pulsschlag der Menschheit über die Jahrhunderte hinweg fühlen, und wer in diesen Schlägen nicht ein himmelwärts gerichtetes Streben wahrnimmt, der muß in der Tat für die Harmonie des Lebens taub sein."

Das von der Natur selbst in Szene gesetzte Wechselspiel von Denken und Tun sehen wir bei jedem gesunden kleinen Kind in den ersten Lebensjahren, wenn es ohne Einmischung des Erwachsenen und allein mit Hilfe seiner Sinne und Glieder seine Umgebung erkundet. Zu den Dingen, die seine Aufmerksamkeit erregen, bewegt es sich hin, krabbelnd, kriechend, kletternd, auf jede ihm mögliche Weise. Es braucht zunächst den Augensinn in Verbindung mit dem Tastsinn, indem es die Dinge berührt, in den Mund steckt, greift, sie zu fassen strebt, sie umspielt, sich an ihnen aufrichtet, sie mit Händen und Füßen umgreift, bis ein neuer Reiz es zu einem anderen Ding lockt. Es probiert unermüdlich, bis es die ersten Schritte macht, auch der Gehörsinn spricht allmählich deutlicher und gibt weiteren Anreiz zu neuen Versuchen.

Die Bewegung des Kindes verändert sich während dieser Zeit augenfällig, war sie zuerst fahrig, unsicher, auseinanderfallend und ziellos, so wird sie sicherer, ruhiger, gelenkter und beherrschter. Die zum Greifen nötige Kraft wird nicht mehr wahllos verschwendet, sondern reguliert, von innen ausgerichtet und abgemessen. Und dies geschieht sichtlich unter Verwendung der rhythmischen Ordnung. Kleinkinder haben an allen Arten des Rhythmus die allergrößte Freude. Die meisten Lernvorgänge vollziehen sie in rhythmischen Wiederholungen.

Diese augenscheinliche und überraschende Veränderung körperlicher, das heißt, bewegungsmäßiger Art, hängt eng mit der geistigen Entwicklung des Kindes zusammen. Denn jede Bewegung, die es von sich aus, aus eigenem Antrieb ausführt, ist rückläufig (vgl. A. Gehlen, Der Mensch), das heißt, sie wirkt nicht nur in der Richtung auf den

Kleinkind

Gegenstand hin, nach außen, sondern zugleich meldet sie nach innen, was zu spüren ist. Wenn das Kind z. B. eine Tischplatte berührt, fühlt es den Gegendruck des Holzes, es macht seine Erfahrungen sowohl nach außen wie nach innen. Dabei lernt es, seine Kraft allmählich abstimmen, lenken, bremsen, und seine Bewegung wird aus einer Teilbewegung zu einer Totalbewegung. (Schon beim Anheben eines Stuhls spüren wir im voraus die Kraft, die wir anwenden müssen.)

Die Entdeckung der Umwelt durch die eigene Bemühung ist für das Kind mit großer Freude verbunden, und bei einfachen, gesunden Familienverhältnissen pflegt das Kind während dieser Zeit einen Schimmer von Freude auf seine ganze Umgebung auszustrahlen.

Auf diese Weise macht das Kind in den ersten zweiundeinhalb Jahren eine außerordentlich wichtige Entwicklung durch. Es kann nun die meisten Bewegungen, die der Erwachsene im täglichen Leben braucht, ohne Hilfe erledigen, das Treppensteigen, Auf-den-Stuhl-Steigen, Essen und dergleichen. Es hat aber auch, über alles Zufällige, Praktische, Gegenständliche hinaus, die ersten, wenn auch winzigen und unbewußten Schritte zum Weltbürger getan, indem es gelernt hat, sich in Zeit und Raum zu fügen, seine Kraft zu dosieren und nach Form zu streben.

Etwa um diese Zeit — das Kind mag zwei oder drei Jahre alt sein — hört der gesunde Entwicklungsprozeß, den die Natur selbst eingefädelt hat, auf, die nächste Umgebung ist dem Kind bekannt geworden und reizt nicht mehr zur Erforschung. Von jetzt ab ist es ganz auf die Vorstellungswelt des Erwachsenen angewiesen, es wird nicht mehr durch seine eigenen Organe belehrt, sondern lernt durch Worte, gleichzeitig dringt eine geradezu unabsehbare Flut von Eindrücken auf seine Sinne ein. Sein Vorrat an Bewegungen ist natürlicherweise noch gering, es lernt ihn allmählich durch Gedächtnis und Nachahmung der Umgebung zu erweitern, aber nur in der Richtung auf das Alltägliche, Praktische, Zweckhafte, der enge Zusammenhang mit dem geistigen Leben ist abgerissen.

Die ersten zaghaften Schritte, die das Kind zu Erfahrungen in Raum und Zeit geführt haben, sind vergessen, und der leise Hinweis der Natur, die alles auf Ganzheit ausrichtet, wird nicht weitergeführt. Ein großes Reich, in dem sich der Mensch zeit seines Lebens aufhalten muß, gewissermaßen ein Koordinatensystem — wir nennen es Zeit, Raum, Kraft und Form —, bleibt fern und ohne Führung. Hier ist ein Niemandsland.

Es scheint ein unbedeutender Zeitpunkt — so früh im Leben! — und ist doch von entscheidender Bedeutung für die Erziehung. Denn auf der einen Seite verlassen wir die Möglichkeit, den Menschen als Ganzheit zu bilden (das ist ohne Zuhilfenahme der Bewegung nicht möglich) und ihn zugleich einer ihn umgebenden Ganzheit oder Harmonie bewußt zu machen. Auf der anderen Seite versuchen wir ihm Bruchstücke eines sich unablässig ausbreitenden Wissensstoffes zuzuführen, zu dem ihm das einigende Band zunächst fehlt und oft genug dauernd verborgen bleibt. Hier hat unsere rhythmische Erziehung einzusetzen, die, im Kindergarten beginnend, in der Schule sich fortsetzend, den jungen Menschen lehren muß, seinen Körper wie ein kunstvolles Instrument kennen und spielen zu lernen, immer im Zusammenklang mit seinen geistigen Fähigkeiten und mündend in das Bewußtsein von Lebensnähe und Ganzheit.

„Wir sind durch die Sinne von vornherein angeschlossen und ausgerichtet für das Vorhandensein eines großen, allgemeinen, organischen Bandes, welches alles Dasein in tiefer, unzerreißbarer Weise umschlingt“ (Carus).

Wie das Kind Namen für sichtbare Dinge lernt, so muß es auch an dieses Band geführt werden. Es ist der Weg vom unbewußten Erleben der Welt bis zum immer bewußteren Erfassen der Welt. Dabei werden als wertvolle Fähigkeiten erworben und entwickelt, gewissermaßen als notwendige Vorbereitung und Einübung zum geistigen Erarbeiten und Erlernen: Gewandtheit, Schwingungsfähigkeit, Gleichgewicht, richtiger Krafteinsatz, gesunder Atemrhythmus. Im einzelnen: soziales Verhalten, Begriffsbildung, Koordination, Konzentration, Spontaneität, Willensbildung, Erfinden, Phantasie, Gestaltungsvermögen.

Auf dem Weg zur Ganzheit, zum Horchen, Gehorchen und damit zum Erfassen einer höheren Ordnung ist die Musik eine ungemeine Hilfe und von einer fast magischen Wirkung. Man möchte jedem Erzieher wünschen, daß er einmal einer Kinderschar zusehen dürfe, die sich frei zu einer ihr unbekannten, vom Rhythmiklehrer improvisierten Musik bewegt, der Anblick der glücklichen und vom Klang ganz durchfluteten, fast schwerelos sich wiegenden Körperchen ist unvergeßlich. Gerade daß hier Bewegen und Lauschen eines sind, daß jedes Kind schöpferisch, nicht nachahmend tätig ist, läßt die Bewegung eines jeden seelisch durchstrahlt erscheinen. Die Musik tritt hier als das auf, was sie ihrem Wesen nach ist und was nur in einer Zeit der

Mechanisierung und Technisierung fast vergessen wird: als elementare Macht, zu der jeder Mensch, der zum Lauschen fähig ist, einen unmittelbaren Zugang hat.

Gott scheint das Erkennen der unsichtbaren kosmischen Gesetzlichkeit dem Durchschnittsmenschen erfaßbar in den Spiegel der Musik gelegt zu haben, in der sich alle Bewegungsgesetze wie in einem Spiegel fangen. Was der Wissenschaftler in mühsamer Forschung als Ordnung im Makro- und Mikrokosmos erkennt und in Formeln einzufangen sucht, erspürt der einfache Mensch aus einem Lied, wenn er zuhört. Die Musik lehrt aber auch, daß die kosmische Gesetzlichkeit viele Spiegelungen enthält, sich im kleinsten Naturgeschehen zeigt, im Menschen und in der Kristallbildung Höhepunkte erreicht. Diese Ordnung bildet den Hintergrund für alles Geschehen.

Der Idee unmittelbarer Ganzheit in der Erziehung steht freilich eine Denkgewohnheit entgegen, die sich wie eine unübersteigbare Mauer erhebt und jede Neuerung abriegelt; die Überzeugung nämlich, daß alle Bildung zu analysieren, auseinanderzunehmen, wieder zusammenzusetzen, mit anderen Worten in Fächer einzuteilen sei. Wenn hier von einer Bewegungserziehung, die gleichzeitig geistige Entwicklung bedeutet, die Rede ist, so gehört dieses „Niemandsland" keinem bestimmten „Fach" an, es ist im Sinne der landläufigen Pädagogik nicht existent, obgleich eine kleine Gruppe von Erziehern schon viele Jahre darin arbeitet und um Verständnis kämpft.

Der Faden, der alle einzelnen Übungen verbindet, wird in dem Augenblick deutlich, in dem wir das Gesetz der Polarität, das zugleich auch das Gesetz des Rhythmischen ist, in seiner Tragweite und praktischen Anwendbarkeit verstehen.

Diese Erzieher gehen aus vom Gesetz der Polarität. Das Gesetz, das in der Pädagogik bisher nur am Rande beachtet worden ist, besagt, daß zwei oder mehr Gegebenheiten, jede für sich bestehend und selbständig, die gemeinsame Eigenschaften haben (also nicht Gegensätze, die einander ausschließen, wie gut—böse, schwarz—weiß), bei einer Gegenüberstellung ein außerordentlich fruchtbares Spannungsfeld bilden, in dem jeder der beiden Partner oder Pole in seiner Eigenart klarer und schärfer hervortritt, zugleich aber auch den anderen Partner in seiner Besonderheit steigert und bereichert erscheinen läßt. Es vollzieht sich also infolge dieses Naturgesetzes ein Auftrieb nach verschiedenen Seiten.

Die Kunst der Pädagogik besteht darin, dieses Spannungsfeld hervorzurufen und den Schüler da hineinzuversetzen, sich in ihm bewegen und entscheiden zu lassen. Es ist dies das kurzgefaßte Prinzip der rhythmischen Arbeitsweise.

Aus der bewußten, bis ins einzelne gehenden Anwendung dieses Gesetzes, das Goethe eines der großen Triebräder der Natur nennt, erklärt sich der Reiz des rhythmischen Unterrichts für den Lehrer und der erstaunliche Erfolg für die Persönlichkeitsbildung des Schülers wie auch die Freude, die dieser Arbeit anhaftet.

Der erste Pädagoge, der sie gezeigt und grundsätzlich verwendet hat, Jaques-Dalcroze, hat die beiden Partner Musik und Mensch als einander ebenbürtige Pole in ein Wechselspiel verflochten und dadurch der Musikerziehung eine Fülle von Anregungen gegeben.

Ebenso wie die Musik sind andere Pole oder Partner möglich. Wir haben es hier zunächst mit Raum und Zeit zu tun.

2. Einführung in das Erleben des Raumes

Warum ist eine Einführung in das Selbstverständlichste, in Raum und Zeit, nötig, und wie kann sie erfolgen? Gibt es eine bestimmte Methode?

Das Wort Raum brachte früher den Sinn des Weiten, Unermeßlichen, niemals zu Erschöpfenden mit sich. Heute ist die Frage: Wo finde ich so viel Platz, um mich bewegen zu können? Wieviel vom Ganzen kann ich mir reservieren?

Raum und Zeit sind Modalitäten in unserem Bewußtsein. Ändert sich ihre Wertung, so ändert sich damit auch die unseres Bewußtseins selbst und infolgedessen das Bild, die Vorstellung, die Schau oder Sicht von der Welt, die wir haben oder uns machen. In unserem Zeitalter der Raumeroberungen scheint es besonders notwendig, das Verhältnis des einzelnen zum natürlichen Lebensraum zu festigen.

Jede Bewegung, die wir im Alltag ausführen, geschieht zwangsläufig im Raum. Wir nehmen diesen nur insoweit wahr, als er sich als Entfaltungsgebiet unserer Bewegung auftut. Er ist in dieser Hinsicht kein Pol, an dem sich unsere Bewegung entzünden könnte. Das wird in dem Augenblick anders, wenn die Aufgabe vom Raum her gestellt wird, wenn der Erzieher seiner Schülergruppe (Rhythmik ist Gruppenunterricht) eine entsprechende Aufgabe stellt, etwa:

Verteilt euch so, daß der ganze Raum gleichmäßig erfüllt ist und jeder so viel Platz hat, um sich mit geschlossenen Augen um sich selbst zu drehen, ohne jemand dabei zu berühren! Oder: Geht von diesem Platz frei im Raum umher und findet euch zum Ausgangspunkt zurück! Oder: Geht von einer Ecke des Raumes zur anderen! Alles ohne Hast und auf selbstgewähltem Wege, ohne jemanden zu berühren!

Bei solchen Aufgaben wird der Raum in Wahrheit zu einem Pol, einem vollwertigen Gegenspieler des Körpers, wird zur Wirklichkeit in dem Maße, als der Sichbewegende nicht gedankenlos herumlaufen kann, sondern mit voller Aufmerksamkeit seine Schritte steuern muß, stets im Bewußtsein, sich vielen anderen, die das gleiche Recht auf Freiheit haben, spontan anzupassen. Hier ist der Raum zu einer lebendigen Größe geworden, die ihr Gesetz in sich selbst trägt, dem man sich nicht entziehen kann und das jede Willkür offenbar macht.

Der Erzieher, der seiner unvorbereiteten Schülerschar eine derartige Aufgabe stellt, wird das sich bietende Bewegungsbild mit einiger Bestürzung beobachten. Denn es wird kaum ein einziger Schüler imstande sein, sich ohne Hast mit Sicherheit und guter Haltung in der Menge zu bewegen. Sieht der Erzieher näher hin, so erkennt er die Zeichen der Hilflosigkeit, Unsicherheit, Unentschlossenheit, aber auch der Rücksichtslosigkeit, Unbeherrschtheit, des nervösen Drängens, des mangelnden Gleichgewichts, des gespannten Gesichtsausdrucks und vieles andere. Er gewinnt einen sehr eindrücklichen und überzeugenden Einblick in die Anlagen, Möglichkeiten, Schwierigkeiten, Eigenschaften und Hemmungen eines jeden seiner Pfleglinge, und aus dieser Erkenntnis heraus kann er den Weg zum Helfen finden, nicht etwa durch Tadel, Lob, Belehrung, sondern allein durch Übung und Vervollkommnung der Bewegung, die dann zu Sammlung, Ruhe und Ausgeglichenheit des Wesens zu führen vermag.

Das Raumbild ist am Anfang ebenso schlecht wie das der ganzen Gruppe in ihrer Bewegung. Teils ist der Raum überfüllt, teils entstehen fortwährend Lücken, und es wird einige Übung kosten, bis der Raum über all den anderen Gesichtspunkten überhaupt wahrgenommen, seine Grenzen respektiert, seine Beschaffenheit ausgewertet wird.

Zumeist sind drei Phasen oder Durchgangsstufen des langsam entstehenden Raumgefühls bemerkbar. Zunächst bedeutet die Anweisung, den Raum frei, ohne Anweisung, zu durchschreiten, ihn aufzuteilen usw., einen Zwang, denn es ist eine bisher nie gekannte Forderung, auf ihn überhaupt einen Blick dieser Art zu werfen.

Dann wird, mit dem zunehmenden körperlichen und geistigen Gleichgewicht, ein Vernügen daraus, der einzelne fühlt sich umhegt und geborgen in einer ungewohnten, aber wohltuenden Freiheit, er spielt gewissermaßen mit dem Raum, seine Bewegung wird freier, weitgreifender, beschwingter und sicherer. Wer, wie es heute häufig der Fall ist, aus der Enge einer Stadtwohnung kommt, braucht dieses Gefühl ganz besonders, um überhaupt das Glücksgefühl der freien Bewegung einmal empfinden zu können.

Und im letzten und nächsten Stadium treibt das Gefühl für den Raum zum Gestalten, es entstehen eigene Formen, die Phantasie erspürt, was alles im Raum und mit ihm geschehen kann. Wer niemals diesen Raumsinn, wie wir ihn nennen müssen, kennengelernt hat, ist zu bedauern; eine Erziehung zur Ganzheit ist ohne ihn nicht zu denken.

(Hier taucht ganz unüberhörbar die Frage auf, warum die Pädagogik sich von dem fernhält, was später in der Erziehungsberatung eine so große Rolle spielt. Die Komplexe und Probleme, die den Erwachsenen quälen und zum Psychiater treiben, können in der rhythmischen Erziehung frühzeitig in ihrem Ursprung erkannt und bekämpft, eine Fehlentwicklung von vornherein verhindert werden.)

Die Wissenschaft vom Menschen hat längst festgestellt, daß die frühe Kindheit, die Jahre vor dem Eintritt in die Schule, von entscheidender Bedeutung für die geistige und seelische Entwicklung sind. Denn das Kind bildet sich in dieser Zeit aus den Eindrücken, die ihm aus seiner Umgebung zuströmen, eine Vorstellung von der Welt, in die es hineingeboren ist, und zugleich ein Bild von den Spielregeln, die es unter den Erwachsenen zu beobachten Gelegenheit hat.

Dieses Weltbild ist ganz dem Zufall entnommen und bleibt in den meisten Fällen ohne Wissen und Kontrolle der Eltern und Erzieher. Es begleitet das Kind sein Leben hindurch und wird oft für sein späteres Schicksal entscheidend.

In diesen Jahren ist eine Einführung in die Wirklichkeit notwendig, soweit diese nicht Zufall, sondern Ordnung bedeutet — nicht etwa die bürgerliche, im Gesetzbuch verankerte, sondern die kosmische, auf Raum und Zeit gegründete Ordnung. Diese Führung gehört auch besonders überall dorthin, wo Kinder unter ihresgleichen in diesem Alter, also von drei bis sechs Jahren, aufwachsen, in einem Erziehungsheim usw.

Auch der Kindergarten hat in diesem Sinne die Aufgabe und Verpflichtung, das Kind auf sein Leben vorzubereiten. Er darf nicht, wie es bisweilen geschieht, als ein Ort angesehen werden, in dem man das Kind unterbringt, damit es gesundheitlich betreut und praktisch mit kleinen Handfertigkeiten, Spielchen und Spaziergängen beschäftigt wird.

Diese Einführung im frühkindlichen Alter beginnt damit, daß die vielen Begriffe, die vom Erleben des Raumes abgeleitet sind, dem Kind zur Erfahrung gebracht werden. Natürlich auch Kennenlernen des Aufenthaltsraumes: Decke, Boden, Türen, Fenster, Sonnenseite, Veränderungen an den Gegenständen; Auswertung des vorhandenen Materials, aber auch Verwendung einfacher, natürlicher Dinge: Blätter, Zweige, Federn usw.

Einige Beispiele:

Raumausdehnung, Raumrichtung, Raumgliederung:

vor — zurück, vorwärts — rückwärts, seitwärts!

Wer steht vor mir, hinter mir, neben mir?

Was ist unten — oben, hoch — tief? Wer kommt vor mir, wer nach mir?

Was ist eng — weit? Zeige es allein, mit einem Partner gemeinsam, in der ganzen Gruppe!

Was ist rund, halbrund, eckig? Wo sehen wir es in unserem Raum, wo draußen in der Natur, wo zu Hause? Wie stellen wir uns im Rund auf, wie bewegt sich dieses Rund durch den Raum?

Woher kommst du, wohin gehst du? Zeige, woher der Partner kommt und wohin er geht!

Stelle dich mit anderen in eine Linie, eine Kette! Führe (ohne anfassen) eine Reihe, Gruppe, einen Kreis durch den Raum! Wo sehen wir Linien, Ketten, Reihen im Raum? Zeichne das auf dem Papier! (Vgl. Seite 65.)

Es ist nicht möglich, einen auch nur annähernden Begriff von dem Reichtum zu geben, der sich anbietet. Das Kind ist hier ganz in seinem Element und blüht auf in der Freude des Suchens, Findens und Entdeckens. Das kann ganz kindgemäß und spielend vor sich gehen — ein Spiel, bei dem das Kind seinen Geist übt und unmerklich in die Ordnung des Raumes hineinwächst.

So vorbereitet, kommt das Kind in die Schule, wo die Bildung des

Bewegungssinnes noch einige Jahre, während es die Elementarklassen besucht, weitergeht, nach denen dann die Spezialisierung in die einzelnen Fächer sinnvoll wird und die gewünschten Erfolge wirklich und ohne Überforderung bringt.

Der wachsende Raumsinn führt von selbst zu einer tieferen Wahrnehmung und Betrachtung der Umwelt, er entdeckt Entsprechungen, Vergleichspunkte und Beziehungen zu Gebieten, die ohne ihn unbeachtet bleiben würden.

Einige Beispiele:

Wie hilft die Raumerfahrung zum Verständnis der einfachen Sätze der Raumlehre, der Bruchrechnung, überhaupt der Zahlenvorstellung? Eine Raumstrecke in Schritte teilen, Schritte unterteilen, nach Takt und Rhythmus.

Was ist Raum in der Dichtung? Welche Rolle spielen Vorgänge des Steigens, Sinkens, Fallens u. a. im Vers? Wo bilden sie geradezu das Thema? (Rilke: „Die Blätter fallen ...", Mörike: „Aufsteigt der Strahl ..." u. a.)

Welche Bedeutung hat der Tonraum in der Musik? Wie ist das Steigen, Kreisen, Fallen der Töne im Raum wiederzugeben?

Was ist Seiten-, Gegen-, Parallelbewegung in der Stimmführung?

Was ist Homophonie, was Polyphonie in der räumlichen Entsprechung? Zeichne das!

Wie sind musikalische Raumformen darzustellen, z. B. Bau eines Kanons, einer Passacaglia, eines Themas mit Variationen, einer Fuge, eines Ostinatos? (Vgl. Seite 79.)

Wie ist der Bau eines Sonetts, einer Terzinendichtung, eines Distichons und dgl. in der Gruppenbewegung oder zeichnerisch wiederzugeben? Wähle ein bestimmtes Beispiel aus der Dichtung! (Vgl. Seite 82ff.)

Was bedeutet Proportion für das Raumgefühl? Beispiele!

Des Entdeckens von Beziehungen und Verwandtschaften in Natur, Kunst und Wissenschaft ist kein Ende!

„Ein anderer Kontakt mit dem Ursprünglichen als der durch das Denken ist heute notwendig und wird herbeigesehnt."

„Gibt es eine dem Bereich des Erkennens angehörige Fähigkeit, die aus dem Ursprung stammt und damit tieferen Grund hat als Erfinden und Gedankenkonstruktion?"

„Intuition: Von der eigenen Ganzheit her ohne Vermittlung Ganzheit wahrnehmen und das eigene Ursprüngliche mit fremdem Ursprünglichen polarisieren.“ (Aus Keyserling, Das Buch vom Ursprung.)

„Das Unentbundene entbinden, die Wasser der Tiefe an die Oberfläche zu leiten: Die Menschheit harrt derer, die solches vermögen!“ (Albert Schweitzer.)

Eine eigentümliche nach außen nur wenig sichtbare Entwicklung geht von allen Übungen der Raumerfahrung aus; denn vom Raume, der Bewegung schafft, zum Raume, der Bewegung ist: das ist zugleich der Weg vom Faßbar-Wirklichen zum Unwirklichen, Verfließenden! Pretorius sagt dazu: „Heute haben wir ein Raumwissen statt des ursprünglichen Raumgefühls.“ Er fügt dazu: „Ein ästhetisches Gesetz von allgemeiner Gültigkeit: je einfacher die Konstruktion, die Grundform, um so reicher das darüber gebreitete Leben (als Flimmern der Oberfläche in Tönung, Struktur und Ornament).“

3. Einführung in das Erleben der Zeit

Raum und Zeit sind so eng verbunden, daß es ohne weiteres möglich ist, fast alle vom Raum herstammenden Übungen auch zeitlich zu regeln, z. B. das freie Durcheinandergehen im Raum im gemeinsamen Tempo auszuführen usw.

Dennoch nimmt das Kind zeitliche Eindrücke sehr viel langsamer auf als solche des Raumes. Im Kindergarten ist daher besonders viel Behutsamkeit, Einführung und Geduld nötig, um diese Schwierigkeiten zu erkennen und nacheinander zu beseitigen. Es hat bestimmte Ursachen, weshalb Eindrücke der Zeit schwerer zu beantworten sind als räumliche. Denn hier wird der Hörsinn angerufen, der von vornherein langsamer arbeitet als das Auge, weil er Sammlung und Besinnung voraussetzt. Dann aber werden die unteren Gliedmaßen stärker beansprucht: Beine und Füße sollen nicht mehr nur zur Fortbewegung dienen, sondern geschickt werden, etwas auszusagen wie die Hände. Ein Wechselspiel zwischen Füßen, Armen und Beinen, aller einzelnen Glieder miteinander und in gegenseitiger Ergänzung ist ungewohnt, die Beherrschung des Schwerpunkts führt schon zu Fragen der Haltung und des Körperbewußtseins — kurz, vielfache Hilfsübungen sind hier am Platze, um Zeit und Raum wirklich reibungslos zu verschmelzen.

Aber gerade diese Übungen sind von größter, wohltätiger Wirkung auf das Selbstvertrauen und die Willensbildung des Kindes, und jeder Fortschritt wird vom Erzieher wie vom Kinde freudig begrüßt.

Einige Beispiele aus verschiedenen Phasen der Entwicklung:

Sehr leise, kaum hörbar, wird ein ruhiges, gleichmäßiges Tempo auf dem Tamburin oder einem anderen Instrument angegeben. Wer hört, was hier gesagt wird? Welche Aufforderung, welcher Befehl liegt im jeweiligen Takt? Wer kann es ebenso leise, mit Händeschlagen, begleiten? Auf dem Fußboden? Mit den Füßen? Gehend im Raum? Wer kann es zeigen? Abwechselnd gehen und klatschen? Beides gleichzeitig?

Leichtes und fließendes Reagieren auf Unterschiede im Tempo: langsam, schnell, mittlere Geschwindigkeit. Einzeln, mit einem Partner, in der ganzen Gruppe!

Die Gruppe bewegt sich im Kreis und geht gemeinsam (ohne Führung) in allmähliche Beschleunigung und Verlangsamung des Tempos über.

Ein kurzer, prägnanter, rhythmischer Ablauf wird hörend aufgenommen, durch Schreiten beantwortet, im Wechsel zwischen Händen und Füßen. So gibt es eine Einführung in sämtliche Notenwerte:

Ein Schritt gewöhnlicher Länge gilt für eine Viertelnote: ♩

zwei Schritte in der gleichen Zeit = zwei Achtelnoten: ♫

drei Schritte in der gleichen Zeit = eine Triole: ♪♪♪ (3)

vier Schritte in der gleichen Zeit = vier Sechzehntelnoten: ♬♬

ein Hüpfer = punktiertes Achtel mit Sechzehntel: ♪. ♬

zweimal langsamer = halbe Note: 𝅗𝅥

dreimal langsamer = punktierte halbe Note: 𝅗𝅥.

viermal langsamer = ganze Note: 𝅝

Im Wechsel miteinander hören, gehen, klatschen, zeigen; einzeln oder mit einem Partner! Kurze Rhythmen selbst finden, Unterscheiden der Betonungen im Zwei-, Drei- und Vierviertelakt. Schreiten und Taktieren nach dem Hören, mit Singen oder Sprechen.

Das Schreiten von Rhythmen in allen Graden der Schwierigkeit sollte geradezu zum eisernen Bestand in den oberen Schulklassen, auch und besonders in Knabenschulen, gehören. Hier wird ebensoviel Temperament entwickelt wie auf dem Sportplatz, aber es ist nicht entfesselt, sondern gebändigt durch die Bezogenheit auf Raum und Zeit! Kann der Erzieher dazu auf dem Klavier improvisieren, so haben wir hier ein musikalisches Erleben von höchster Intensität!

Merke: Zeit muß „gehabt“ werden, weder vergeudet noch von ihr gehetzt! Diebstahl wird bestraft, aber leider nur, wo es um das bürgerliche Gesetz geht. Wieviel größer ist der Schaden bei Übertretung kosmischer Gesetze!

4. Die rhythmische Arbeitsweise

Wenn die Einführung in Raum und Zeit ohne Pause einige Jahre (Alter des Kindergarten-Kindes) vor sich gegangen ist, zeigt das Kind bestimmte Eigenschaften, die es durch diese Erziehung erworben hat: Es kann feiner beobachten, sich selbständig entscheiden, ist aufmerksam und hilfreich. In diesem Stadium ist es an der Zeit, den Lernstoff der Rhythmik nach den beiden anderen Seiten hin auszuweiten, nämlich Kraft und Form in vollem Maße einzubeziehen.

Die rhythmische Arbeitsweise umfaßt nämlich die vier Gegebenheiten: *Raum, Zeit, Kraft* und *Form.* Sie stehen in einem unauflöslichen Zusammenhang; dennoch wirkt jede der vier Gegebenheiten in ihrer besonderen Art auf die Bewegung, und der beobachtende Erzieher hat die Möglichkeit, hierauf mehr oder weniger einzugehen. Solange es sich um Eindrücke aus Raum und Zeit handelt, die durch Bewegung zu beantworten sind, muß sich diese Bewegungsantwort genau dem Eindruck entsprechend verhalten, sie muß sich einordnen, sich anpassen, ohne etwas an dem Eindruck ändern zu können. Denn Raum und Zeit sind uns von fremdher gegeben, wir unterstehen ihnen, solange wir leben dürfen. Hier ist also vornehmlich von Gehorsam, Disziplin, Gewissenhaftigkeit die Rede.

Mit der Kraft verhält es sich ganz anders. Sie ist der eigentliche Besitz des Menschen, betrifft die körperliche Kraft in engster Verbindung mit der geistigen, mit denen er walten kann und soll, indem er sie nach eigenem Ermessen anwendet, reguliert, lenkt und bremst. In diesem Tun wird also bedeutend mehr Phantasie, Erfindungskraft und Ausdruck erlaubt und notwendig sein, auch zeigt die freie Bewegung Grazie, Eigenart, und die Haltung tritt in den Vordergrund.

Und ebenso wirkt die Form, die nicht durch bestimmte Aufgaben erreicht werden kann, sondern von selbst entsteht, wenn die aufgewendete Kraft im rechten Verhältnis zu Raum und Zeit der jewei-

über Weltanschauung

ligen Aufgabe steht. Dann gewinnt die Bewegung des jungen Menschen Schönheit und durchscheinende Persönlichkeit. Von großer Bedeutung ist hier das Zeichnen nach rhythmischen Aufgaben, das von früh an geübt wird und einen beglückenden Weg in die Welt der Formen weist.

Die ungemein starke Wirkung, die der Umgang mit Raum, Zeit, Kraft und Form auf die Charakterbildung und Persönlichkeit des jungen Menschen hat, klingt unwahrscheinlich und unglaubhaft, aber nur, weil sie noch nie von Grund auf untersucht wurde. In der Praxis ist sie zuerst überraschend, dann überzeugend, und schließlich scheint sie zum einzig Wahren im Strudel der Ereignisse, zur eigentlichen Wirklichkeit, zu gehören.

„Sinn findet sich nicht im Ganzen der Welt und des Lebens, vielmehr ganz offenbar Sinnlosigkeit, das wiederum etwas anderes ist als Sinnwidrigkeit! Bei Sinnwidrigkeit vermögen Welt und Leben keinen Sinn wahrzunehmen.

Sinnlosigkeit enthält die Aufforderung, von einem sinnschaffenden Wesen in Sinnfülle verwandelt zu werden.

Die Schöpfung ist also unvollendet. Der Mensch muß ihr im Akt seines sittlichen Tuns oder im Reichtum seiner ästhetischen Anschauung erst Sinn verleihen. Kein Nihilismus der Erkenntnis, sondern Optimismus der Tat" (Nicolai Hartmann).

Überall ist der Bau einer neuen Welt im Gange, und überall muß der Mensch Traditionen, Widerständen, Gewohnheiten zum Trotz ganz von vorn anfangen, um der Wirklichkeit mit neuen Methoden, Mitteln, Maßstäben gerecht zu werden. Und überall in der trostlos mechanischen Welt zeigen sich neue Wunder, neue Möglichkeiten.

So besteht das Eigentliche im Niemandsland des Rhythmischen unter anderem darin, daß der Unterschied zwischen Lehrer und Schülern weithin aufgehoben ist. Denn da es sich hier um kein erlernbares Wissen, sondern um aufzunehmende und zu beantwortende Sinneseindrücke handelt, ist der Erwachsene in keiner Weise dem Kinde überlegen, er kann mit anderen Worten vom Kind und Schüler ebensoviel lernen wie dieses von ihm.

Lehrer Schüler Verhältn.

Der Erwachsene hat die größere Lebenserfahrung voraus, ist aber auch mit Schlagwörtern, Vorurteilen und dem Druck eines durch Jahrtausende aufgestapelten Wissens belastet.

Das Kind hat dafür die ganze Unbefangenheit des Blickes in eine neue, ihm eben erst entgegentretende Welt, zu der ihm seine Organe einen Weg zeigen, der dem Erwachsenen zum großen Teil verschlossen bleibt.

Der Austausch ist nach beiden Seiten hin wertvoll, er bedeutet für den Erzieher eine Regeneration aus dem ewigen Quell des Menschlichen, für das Kind die lenkende Hand, denn es ist die Aufgabe des Erziehers, das Aufgenommene, Bruchstückhafte und Verstreute, das dem Kind begegnet, zum Bilde einer Ordnung, einer heilen und in sich geschlossenen Welt zusammenzufassen.

„Im Lauf der Entwicklung hat der Mensch nicht nur wesentliche Fähigkeiten erworben, sondern auch verloren: so seine Instinkte zugunsten einer Hypertrophie des Verstandes, der Zivilisierte die Einfühlungsfähigkeit des Primitiven, der Erwachsene die des Kindes“ (Max Scheler, Wesen und Formen der Sympathie).

Bei der Aufgabenstellung ist darauf zu achten, daß dem Schüler die Möglichkeit einer Entscheidung zwischen mindestens zwei Möglichkeiten gegeben ist, daß er also seine eigene Form finden muß und daß weder Nachahmung noch Gedächtnis überwiegend angerufen werden. (Das Spielen auf den beliebten Orff- oder anderen Instrumenten nach Noten ist rein intellektuell und hat in diesem Zusammenhang wenig Bedeutung.)

Vorschläge und Beiträge der Schüler werden aufgenommen und bestimmen oft den weiteren Ablauf der Stunde. Diese darf keine Anhäufung von Übungen sein, sondern muß trotz der wechselnden Ansprüche an Körper und Geist der Schüler einen einheitlichen, natürlichen und ruhigen Fluß bewahren, um Entspannung und Harmonie des Wesens hervorzurufen.

Die Freiheit in der Lösung bei rhythmischen Aufgaben ist beschränkt. Sie besteht darin, daß von den vier Gegebenheiten, Raum, Zeit, Kraft und Form, mindestens eine festgelegt ist, daß also nur mit einem oder zwei Faktoren frei zu schalten möglich ist. Aber durch diese Beschränkung tritt eben diese Gegebenheit ins Bewußtsein, es beginnt die handelnde Auseinandersetzung mit dem Faktor Raum oder Zeit oder Kraft.

Im Unterricht müssen Kontinuität und Polarität wohlabgewogen vertreten sein, es wäre ebenso falsch, ausschließlich auf das eine wie auf das andere Moment zu achten.

Kontinuität — Diskontinuität, auf die der Erzieher aufmerksam sein muß, bedeutet einmal folgerichtige Entwicklung — ein Faden, eine Linie wird gesponnen —, also nicht abrupter Wechsel, aber auch

Begreifen des universalen Zusammenhangs aller Lebensbereiche auf Grund gemeinsamen Ursprungs und nach gleichen Gesetzen. Die Zahl der Teilnehmenden an einer Unterrichtsstunde kann beliebig hoch sein (Einzelunterricht ist selten und nur in besonderen Fällen wünschenswert), soweit es der Raum erlaubt und die Stimme des Erziehers mühelos durchdringt. Trotz vieler Anwesenden wird dennoch von jedem einzelnen seine eigene Lösung verlangt, wobei er den Kontakt mit den anderen nicht verlieren darf.

Vielleicht tritt auch einmal eine Entspannung für alle ein, indem die Sichbewegenden am Boden liegen und lautlos verfolgen, welche Geräusche von außen her in der Ruhepause zu ihnen dringen. Oder ein einzelner Schüler gibt allen anderen eine Aufgabe und überwacht ihre Ausführung. Ein gegenseitiger leiser Austausch zwischen Schüler und Erzieher, jedem einzelnen und allen Sichbewegenden findet statt, ein Suchen und Finden, Forschen und Entdecken, Geben und Empfangen, in das der Erzieher völlig einbezogen ist.

Rhythmik ist der Stille verwandt, alles Wesentliche bleibt hier stumm. Stille ist nicht Leere. Ein anderer Zug der Rhythmik ist die Gründlichkeit, entgegengesetzt dem oberflächlichen Lesen, Überspringen, Abreißen und Nicht-zu-Ende-Denken, Extrakte von Extrakten Anhäufen. Im Verlauf dieses Weges ergeben sich von selbst Beziehungen zwischen Gebieten wie Physik, Geometrie, Raumlehre und Mathematik, aber auch zu Tätigkeiten des Schreibens, Lesens, Rechnens. Und wenn hier die Zeit zur Erfahrung werden soll, so gehören ihre Gegenspieler Ewigkeit und Tod immer dazu und fordern vom Erzieher, daß er sie seinen Schülern naheführe, wo es möglich ist.

Zwei methodische Anhaltspunkte sind so bedeutungsvoll und kennzeichnend für den Unterricht, daß sie einer näheren Erklärung bedürfen. Es sind 1. *Führen* und *Folgen* und 2. *Erfinden*.

Was bedeutet Führen? — Das bedeutet zunächst: Jedem Schüler soll im Lauf der Stunde die Möglichkeit gegeben werden, sich etwas allein auszudenken, dies vorzumachen, es von den anderen beurteilen zu lassen, die es dann — wenn für gut befunden — ebenfalls ausführen.

Und von jedem Schüler muß umgekehrt verlangt werden, daß er die Anweisungen und Vorschläge eines anderen (die ohne Worte erfolgen) nach besten Kräften zu verstehen und sich ihnen anzupassen bemüht.

Das beginnt mit sehr einfachen Übungen, z. B.:

Führe deinen Partner, der die Augen geschlossen hat, sorgfältig im Raum herum, auch zwischen Hindernissen hindurch, ohne daß er an etwas anstößt! Für jeden, den du führst, übernimmst du die Verantwortung!

Nimm einen Partner an der Hand und zeige ihm, in welchem Tempo er gehen, wann er sein Tempo mit dir zusammen verändern und wann er stehenbleiben soll!

Zeige allen, die sich im Kreis um dich bewegen, nach welcher Richtung und wie schnell oder langsam sie sich bewegen sollen! Gib den Rhythmus an!

Zeige eine selbst ausgedachte Übung mit deinem Ball, deinem Reifen und dergleichen!

Führe eine Reihe, eine Gruppe nach einer von dir bestimmten Richtung und zu einem bestimmten Ziel! Dasselbe, wenn sich mehrere Reihen gleichzeitig im Raum bewegen!

Zeige, ohne dich selbst vom Platz zu bewegen, welche Bewegungen die ganze Gruppe ausführen soll! Dasselbe zur improvisierten Musik des Erziehers! Sei den anderen der gute Dirigent!

Das Führen und Folgen bedeutet aber auch, daß in jedem Augenblick der Stunde etwas vorhanden ist, nach dem sich alle Anwesenden gemeinsam richten müssen. Stets sind Raum und Zeit gegenwärtig, die allen ihr Maß geben. Vielleicht ist es auch einmal die Musik, die der Erzieher gibt, um damit Tempo, Dynamik usw. der Bewegung anzugeben. Oder es ist umgekehrt der Schüler, der sich so bewegt, daß er vom Erzieher begleitet wird. So entsteht das natürliche und in der Musikerziehung häufig geübte Wechselspiel: „Führe aus, was du hörst!“ oder: „Begleite, was du siehst!“ In diesem Sinn kann es aber ebenso einmal der Ball sein oder das Gerät; auch das Wort des Erziehers oder des Kindes kann das Maß sein, das für alle gilt.

Raum und Zeit sind die immer gegenwärtigen Führer, zu denen die Instrumente kommen, wenn sie improvisierend gebraucht werden und sich die Bewegung unmittelbar nach ihnen zu richten hat. Es herrscht mit anderen Worten fortwährend eine leise, gleichmäßige Spannung unter den Sichbewegenden, einem Ballspiel vergleichbar, bei dem der geworfene Ball nicht auf den Boden fällt, sondern vom gerade daherkommenden Partner aufgefangen wird.

Die konsequente und Jahre hindurch anhaltende Übung des Führens und Folgens ist ebenso einfach durchzuführen wie tiefgreifend und notwendig zur charakterlichen Bildung. Man spricht heute von dem „Kältetod der menschlichen Beziehungslosigkeit“, und die erschreckend ansteigende Kriminalität deutet das Ausmaß des Schadens an. Diese Gefahr kann nicht durch Belehrung, Strafe, Beispiel und die üblichen, vom Worte hergeleiteten Mittel gebannt werden. Hier muß die Gewohnheit einsetzen, die selbstverständliche, in jedem Moment wirksame Gewohnheit, so zu handeln, wie es die Lage des Nächsten verlangt, sich selbst zu helfen und sich helfen zu lassen, nicht aus Überlegung der Vor- und Nachteile, sondern aus dem naturgegebenen, spontanen, durch Erziehung verstärkten Impuls, jeweils das durch gemeinsame Bindung an Raum und Zeit Gegebene bedingungslos zu tun.

Jede Massenbewegung verlangt zu ihrer Regelung den gemeinsamen Beziehungspunkt, wenn sie nicht durch Zwang, Vorschrift, Absperrung und dgl. allein gebändigt werden soll, sei es beim Überqueren einer Straße, beim Überholen auf der Landstraße, bei festlichen Gelegenheiten usw. Solch ein gemeinsamer Beziehungspunkt ist heute nicht vorhanden und kann auch nur durch die Erziehung zum Rhythmischen geschaffen werden. Wie Liebe nicht darin besteht, daß zwei einander ansehen, sondern daß sie gemeinsam in die gleiche Richtung blicken, so kann auch eine Führungsschicht nur dadurch zustande kommen, daß jeder einzelne auf ein Drittes, unabdingbar Gültiges und allgemein Anerkanntes und Erkanntes bezogen wird. Daher ist eine Erziehung zu Raum und Zeit unerläßlich, wenn soziales Verhalten Wurzel fassen soll. Es ist eine Hauptaufgabe der Erziehung, Verantwortung und Hilfsbereitschaft zu erwirken, mit anderen Worten, zu erreichen, daß Ordnung höher geachtet wird als Unordnung.

Wie steht es heute damit? Schon bis in die einfachste Tagespresse hinab sind die Gefahren unserer Zeit Gemeingut geworden: „Der moderne Mensch, Citybewohner und Verkehrsteilnehmer, ist auf Sensationen versessen, grenzenlos vergeßlich. Sein Bewußtsein ist in vielen Planquadraten zugleich und ist in keinem wirklich anwesend.

Sein Inneres ist ein verworrenes Gedränge diskontinuierlicher Bewußtseinsinhalte, ein maßloser Empfänger für die laufenden Bänder von Rundfunk- und Fernsehprogrammen und die Produkte einer Tag und Nacht rotierenden Presse“ (Ausschnitt aus einem Zeitungsartikel).

Sollte es nicht an der Zeit sein, sich auf die elementaren Fragen der Bildung und Erziehung zu besinnen?

5. Disziplin

Disziplin hängt aufs engste mit der Charakterbildung zusammen, sie kann nicht isoliert betrachtet werden, denn Disziplin ist nichts Angelerntes, Zufälliges, nur bei besonderen Gelegenheiten Angebrachtes, und darf auch nicht mit Zwang, Aufsicht, Strafe und Überredung in Beziehung gebracht werden. Von der Fähigkeit zur Disziplin, die der junge Mensch durch seine Erziehung erwirbt oder erfährt, mag in Zukunft die Führung der Massen und die Gemeinschaftsbildung von Grund auf bestimmt werden.

Seit langem geht der rhythmischen Arbeitsweise der Ruf voran, daß sie in besonderem Maße zur Disziplin führt und neue Wege dazu einschlägt. Sie gilt als besonders hilf- und erfolgreich hierzu auch im Ausland und hat dort große Beachtung und Aufnahme gefunden.

Man mag zunächst daran denken, daß hier wie bei jeder Bewegungsarbeit Freude und Entspannung im Spiel sind, daß der Unterricht lustbetont und daher beliebt ist. Das ist richtig, es muß schon ein recht hilfloser Lehrer sein, dem es nicht gelingt, seine Schüler zu interessieren und zur Mitarbeit zu gewinnen (außer vielleicht in den ersten Stunden, wo zuviel des Neuen aufgenommen werden muß).

Aber dies allein genügt nicht, um die Fernwirkung, die noch lange nach dem Unterricht sichtbar wird und schließlich ein Leben lang vorhält, zu verstehen. Hier kommt noch ein anderes hinzu, das jedem Erzieher klar wird, der seine Schüler lange genug beobachten kann. Der Schüler der Rhythmik macht nämlich im Laufe seines Unterrichts eine sehr entscheidende Erfahrung: er lernt eine Welt kennen, die ebenso vorhanden und wirklich, aber von ganz anderer Art ist als die ihn umgebende alltägliche Umwelt mit ihren Personen und Gegenständen, ihren Gewohnheiten, Konventionen, Einflüssen und Möglichkeiten, die auf ihn eindringen und ihn zu überwältigen drohen. Diese andere Welt, die aus dem Ineinandergreifen und Zusammenwirken von Zeit und Raum, Kraft und Form entsteht, ist zunächst fast gesichtslos, unaufdringlich, schweigend, ungreifbar und ihm völlig fremd, bis seine Organe für sie aufnahmefähig geworden sind und er spürt, daß hier keine Willkür oder Zufälligkeit, sondern unerschütterliche Ordnung und Gesetzmäßigkeit zu ihm spricht.

In dieser neuen Welt lernt er von Stunde zu Stunde und Schritt für Schritt, sich zu bewegen und zu denken, er wird auf diese Weise in ihr heimisch und empfindet sie mehr und mehr als die eigentliche

Wirklichkeit, der man nicht widerstreben oder ausweichen kann, sondern sich durch Gehorsam und Bemühung einfügen muß. Es ist von großer Wichtigkeit, daß der rhythmische Unterricht stets in Gemeinschaft mit vielen Partnern vor sich geht, so daß die Bewegung des Schülers durch das oft unerwartete Verhalten der anderen in jedem Augenblick zusätzliche Aufmerksamkeit und Rücksicht erfordert.

Hier wird also das Gehorchen geübt, und der psychologisch geschulte, beobachtende Erzieher mag seine helle Freude an den Ergebnissen haben. Denn die Rhythmik erscheint dem Sichbewegenden nicht als Lektion wie andere, sondern eher als eine Entdeckungsreise ins Unbekannte, die in immer neue Zusammenhänge führt. Aus diesem Unbekannten aber spürt der Sichbewegende eine große Ruhe, Sicherheit und Harmonie auf sich zukommen, die er als wohltätig, richtig und schön empfindet, gerade weil sie von den Gepflogenheiten seiner alltäglichen Umwelt verschieden ist. Es entwickelt sich in ihm ein Prozeß der Selbsterziehung, den der Erzieher wohl steuern, aber nicht willentlich hervorrufen kann.

Es ist verständlich, daß eine solche Entwicklung zur Disziplin, die über die Körperbewegung auf Seelisches übergreift und die ganze Persönlichkeit formt, nicht sprunghaft und bruchstückweise vor sich gehen kann, daß sie vielmehr wie jeder andere Wachstumsvorgang in der Natur ihre Zeit braucht. Und auch, daß dieser natürliche Prozeß möglichst frühzeitig beginnen sollte, dürfte klar sein. Deshalb geht der Vorschlag der Rhythmik dahin, die Erziehung zum Rhythmischen im Kindergarten zu beginnen und anschließend in der Schule fortzusetzen, zwei Jahre im Kindergarten und vier Jahre in der Elementarschule mit wöchentlich etwa zwei Rhythmikstunden im Lehrplan dafür vorzusehen.

6. Einführung in das Erleben der Kraft

Wenn wir Eindrücke aus Raum und Zeit durch Bewegung beantworten wollen, muß dazu eine gewisse Kraft eingesetzt werden. Sie ist ebenso materieller Natur (Muskelkraft) wie geistiger Art, denn stets handelt es sich hier um einen Akt der Entscheidung. Diese Kraft ist unser eigenes Besitztum, sie ist das, was wir selbst bestimmen, dosieren und lenken müssen, während wir an Raum und Zeit gebunden sind.

Hier kann also nicht von einer reinen Muskelkraft die Rede sein, vielmehr brauchen wir die Lenkung und Beherrschung der unzähligen Nuancen innerhalb der „Kraft". Eine sinnwidrige Anwendung von zuviel Muskelkraft wirkt ebenso ungeschickt und fehl am Platz wie zuwenig davon. Wir müssen empfindlich und einfühlsam auf die feinen Gradunterschiede werden, die sich schon beim einfachsten Schreiten nach einem musikalischen oder sprachlichen Ablauf ergeben.

Aufgabe des Unterrichts ist es also, den Sinn für die leisen Nuancen, das wechselnde Auf und Ab der Betonungen innerhalb eines gleichmäßig ruhigen Flusses zu pflegen. Auf der Feinheit dieses Sinnes beruht das Empfinden für die Schönheit eines Liedes, einer Melodie, eines Verses, gesprochenen Satzes, einer Linie.

Ist es möglich, in einer Zeit, in der nur vernommen wird, was Lärm macht, die Fähigkeit zu entwickeln, das Leise, Unaufdringliche in die eigene Bewegung aufzunehmen? Es verlangt ein Gehen, das bei allem Wechsel der betonten und unbetonten Schritte doch auch das gleichbleibende Strömen der Bewegung vom Schwerpunkt her nicht verliert, das, mit anderen Worten, eine bestimmte Haltung voraussetzt. Einfachste, aber durch Jahre sich fortsetzende und allmählich sich steigernde Aufgaben dienen diesem Zweck. Sie führen tief in das Gefüge von Sprache und Dichtung, überhaupt von Ordnung ein und bilden auch die beste Vorbereitung, fremde Sprachen zu erlernen.

Einige Beispiele:

Wir üben das langsame oder (auf Zuruf!) plötzliche Bremsen aus dem schnellen Lauf!

Wir üben alle Grade zwischen schwer und leicht im Klatschen, Gehen, Zeigen! Was wird dir schwer, was leicht im täglichen Leben?

Wir üben den Anschlag der Hände und Füße auf jede Weise: Weich, hart, spitz, behutsam, sanft usw.

Wir unterscheiden den Volltakt vom Auftakt im Schreiten, Dirigieren, Sprechen!

Wir schreiten in Jamben, Trochäen, Daktylen! Dazu Beispiele aus der Dichtung!

Alle Erscheinungsformen der Kraft: Schwerkraft, Schwerpunkt, Zentrifugal- und Zentripetalkraft, Gleichgewicht, Standfestigkeit usw., werden, soweit sie durch die eigene Körperbewegung im Raum erfahrbar sind, zum Bewußtsein gebracht, eventuell mit ihren Lehrsätzen.

Wir unterscheiden den betonten vom unbetonten Schritt, dasselbe mit Händeklatschen, Sprechen und auf jede andere Weise. Wir lernen die metrischen Zeichen dafür, die betonte Silbe gekennzeichnet durch den langen Strich —, die unbetonte Silbe gekennzeichnet durch den kleinen Rundbogen oder Halbkreis ⏑. Wir unterscheiden den Volltakt vom Auftakt: Betone den ersten von zwei Schritten, suche Wörter, die mit einer betonten Silbe beginnen! Zeichne den Wechsel in der Reihe! Führe die Betonung jedes ersten von zwei oder drei Schritten aus! Höre auf den Zwei- oder Dreitakt in der Musik! Zeichne Reihen von gleichen Wechselschritten als Jamben oder Trochäen, und suche Wörter in diesem Rhythmus! Schreibe deinen eigenen Vornamen metrisch auf, z. B. Maria ⏑—⏑, Peter —⏑, Marianne ⏑⏑—⏑. Unterscheide das Stärker- oder Leiserwerden einzeln oder als Gruppenübung, versuche diesen Vorgang zu zeichnen!

Wir verstehen also in der rhythmischen Erziehung unter der „Kraft" nichts Isoliertes, Begrenztes, Einseitiges, womöglich mit Zahlen und durch Messen zu Belegendes, sondern die einmalige, überaus kostbare Fähigkeit, Geistiges wie Körperliches aufznehmen, miteinander zu verbinden, eines auf das andere auszurichten und einzuordnen. Diese Fähigkeit suchen wir zu entwickeln, immer sicherer und selbstverständlicher auszubilden. Sobald diese fortwährende Übung nachläßt, entsteht die Gefahr, daß das kostbare Vermögen absinkt, die natürliche Beweglichkeit erstarrt, denn alles Lebendige muß geübt, angewendet, genützt werden, wenn es seiner Natur nach wachsen und sich regen soll. Wir sehen diese Gefahr in unzähligen Fällen um uns. Es gibt Menschen, denen es unmöglich ist, etwas von außen in sich hineinzulassen, sie sind in feste Denkgewohnheiten wie in einen eisernen Panzer hineingepreßt, nehmen keinen Teil an allem, was von außen Einlaß sucht. So der Berufstätige, der ganz bestimmte Überzeugungen mit sich herumschleppt, auch in Haltung und Geste seinen Beruf nicht verleugnet, so der Wissenschaftler, der am Entfernten arbeitet und das Gegenwärtige nicht mehr sieht. Daher ist es oft schwer, für die einfachen Tatsachen der Rhythmik gerade bei denjenigen Menschen Interesse zu finden, die am meisten helfen und mitdenken könnten. Wir sind umgeben von Denkmauern, erstarrten Organen, unfähigen, weil abgestorbenen Antennen. Es ist ein Verlust am Besten und Reichsten, das uns die Schöpfung bereitstellt!

Dieser Gefahr kann nur begegnet werden, wenn immer wieder der Kontakt erneuert wird, wenn die Gegebenheiten von Zeit und Raum,

Kraft und Form zur Geltung kommen, wenn der Mensch sich in und durch Bewegung lebendig und tätig erhält.

Es wird heute noch unverständlich erscheinen, wenn wir darauf hinweisen, daß die Rhythmik ebenso wie für die Kinder auch eine Sache der Erwachsenen ist, daß der Arzt, der Staatsmann, der Künstler sie üben und sich ihr einordnen müßte, um Geist wie Körper fließend, leicht, beweglich, bereit für Aufgaben und Prüfungen zu haben. Später, wenn die Anliegen an den Menschen einmal besser erforscht und wichtiger genommen werden als heute, mag man darauf zurückkommen. Heute stehen Raketen und Mondfahrten höher im Ansehen.

Einige Hinweise von Erziehern:

„Nur im Unterrichten lernt man, im Erzählen beobachtet man, nur im Behaupten prüft man, nur im Zeigen betrachtet man, nur im Schreiben denkt man, nur durch Pumpen bringt man Wasser in seinen Brunnen“ (Amiel).

„Theorien und Erkenntnisse der Wissenschaft ergeben noch keine Weltanschauung, sowenig wie die Längen- und Breitengrade der Erde bereits Landstraßen wären, auf denen man gehen und fahren kann. Das Leben ist nicht Erkennen, sondern Handeln. Mit dem reinen Denkvermögen wirkt man noch nicht“ (Paul Ernst).

„Durch Worte herrschen wir über den ganzen Erdkreis, durch Worte erhandeln wir uns mit leichter Mühe alle Schätze der Erde. Nur das Unsichtbare, das über uns schwebt, ziehen Worte nicht in unser Gemüt hinab“ (Wackenroder).

„Wichtig ist es, Phantasie für die Wahrheit des Realen zu haben“ (Goethe).

7. Die Form

Die Form stellt sich nur ein, wenn die aufgewendete Kraft im richtigen Verhältnis zu Zeit und Raum steht.

Wenn sich bei einer Aufgabe aus Raum und Zeit die Bewegung völlig polar verhält, der Krafteinsatz genau der Lage entspricht, so kann man von „Form“ reden, d. h., der Mensch macht dann einen harmonischen, glücklichen Eindruck, er ist in solchen Augenblicken mit sich selbst und der Umwelt im reinen, zeigt das Bild einer Ganzheit. Im Verlauf einer Unterrichtsstunde hat der einzelne Sichbewegende das Erlebnis der Ganzheit auf seine eigene Art und selten gleichzeitig mit anderen. Es wird keine besondere Notiz davon genommen, der Erzieher beobachtet nur die Veränderung im Bewegungsbild: Haltung und Blick werden gesammelter, das Auge leuchtet, der Fluß der Bewegung strömt ungehindert durch den ganzen Körper, Nerven und Sinne sind im Einvernehmen. Es sind stets nur Augenblicke, denn die Form muß immer neu gewonnen werden.

Man hat heute selten Gelegenheit, diese Ganzheit der Bewegung zu sehen. Der Mensch von heute bringt sie nicht mehr auf, seine Nerven, seine Glieder, seine Atmung lassen die Ruhe und Sammlung auf einfache Reize nicht mehr zu. Er ist nicht mehr Mitspieler mit offenem Blick auf die unsägliche Schönheit des Daseins, sondern Nörgler, Genießer, Kritiker. Ehrgeiz, Gier und Angst haben unauslöschliche Züge in sein Bild gegraben und seine Bewegung, der jede Zucht fehlt, formlos gemacht. Es bedarf der ernsten Bemühung, sie wieder zutage zu bringen, den jungen Menschen sooft wie nur möglich in diese Ganzheit zu versetzen, denn nur von hier aus kann das Bild des Menschen, wie er gedacht ist, in Würde und Besinnung wiedererstehen. Hier kann freilich nur ein entschiedenes Umlernen vom Sinn und Wesen der Bewegung Hilfe bringen.

Aufgaben, die unmittelbar auf Form zielen, können nicht angegeben werden. Denn die Harmonie der Bewegung — das, was hier als „Form" bezeichnet wird — kann nicht durch eine Anstrengung oder im Ansturm des Willens genommen werden. Die Form ist in diesem Sinne stets ein Widerschein des inneren Lebens und entstammt letztlich dem Bewußtsein der Geborgenheit unter einer höchsten Gesetzlichkeit, die wir Gott nennen und die sich uns als Raum und Zeit allmählich offenbart. Sie ist dem Kind eher erreichbar als dem Erwachsenen und bedarf einer stetigen und langsamen Bemühung.

Diese Form wird von Anfang an erstrebt, nicht als isolierte Übung, sondern dadurch, daß auch in der einfachsten Aufgabe im Fluß der Bewegung das Gleichmaß zwischen Innen und Außen gewahrt bleibt, also die ruhige Atmung, die Beherrschung der Bewegung von der Körpermitte her und das Zusammenwirken der Gliedmaßen zur Ganzheit der Person.

„Es war Plato, der Liebe und Schönheit für immer zusammenband. Nur daß für ihn Schönheit nicht eigentlich die Vollendung eines Körpers bedeutete, sondern der Name für jede Vollkommenheit war, die Form gewissermaßen, unter welcher sich den griechischen

Augen alles Wertvolle darstellte. Schönheit war ‚Bestheit'" (Ortega y Gasset).

Die heutige Pädagogik lebt in der völligen Nichtachtung der natürlichen und geformten Bewegung. Man anerkennt den Bewegungsdrang als ein Naturrecht und sorgt für seine Befriedigung. Sollte aber nicht ebenso der Trieb nach Ordnung und Unterordnung unter eine Gesetzlichkeit naturgegeben und unersetzlich sein, selbst wenn — und gerade wenn — diese Unterordnung nicht passiv geschieht, sondern Bemühung voraussetzt?

Wer als Rhythmiklehrer mit der musikalischen Form arbeitet, wird häufig Gelegenheit haben, über die Leichtigkeit und Selbstverständlichkeit zu staunen, mit denen das Kind die Form aufnimmt, beachtet, sich ihr unbewußt und ohne besondere Anweisungen des Lehrers unterordnet und sie respektiert. Hier ist ein schöner und natürlicher Ansatzpunkt gegeben zu tieferem Eindringen in musikalische Gegebenheiten, zum Hören und Erleben der Musik.

Aber die Form im Sinne der Rhythmik bedeutet viel mehr als das Fachliche der musikalischen Formlehre. Sie bedeutet zunächst für den Erzieher die volle Verantwortlichkeit für das leibliche Auftreten, das Erscheinungsbild eines jeden Schülers, das selbst „Form" zeigen muß. Hier ist das freie, bescheidene, aber sichere Auftreten gemeint, die ungezwungene Haltung in Gestik und Gebärde, die Höflichkeit des Herzens, die liebenswürdige Bereitschaft zu Hilfe und Rücksichtnahme auf den und die Partner, die maßvolle Würde, die Abwesenheit von Rüpelei und Draufgängertum, die Beherrschung auch der Stimme in sauberem Hochdeutsch an Stelle des nachlässigen Sichgehenlassens. Eine solche Erziehung zur Form erschöpft sich niemals im Leiblichen und kann nicht als Nebenwirkung der reinen Leibesertüchtigung im Sport heranwachsen, sie kann nur im Zusammenwirken von Geist und Leib entstehen. Jede einzelne Übung der Rhythmik beruht auf einer Zucht des Leibes und Geistes, und die Zeichen dieser Zucht prägen sich unverlierbar ein. Wer die Schule absolviert, muß erzogen sein. Er hat in den Jahren seines Rhythmikunterrichts gelernt, seinen Körper und den der anderen zu beobachten, jede Pose und Übertreibung abzulehnen, ihn den Gegebenheiten von Zeit, Raum, Kraft und Form sparsam und präzis einzuordnen. Wir wissen heute noch nicht, was Haltung und Auftreten im täglichen Leben bedeuten, denn eine Erziehung dazu hat es im Rahmen der Schule bisher niemals gegeben. Wir pflegen uns mit der Auffassung zu begnügen, daß Austoben und Drauflosgehen das natürliche Recht, Geschrei und Gebrüll die natürliche Stimmstärke sind und daß im Notfall das Kommando einsetzen muß, um Ausschreitungen zu verhindern. Wir dagegen fordern die gute Haltung von innen her, aus eigenem Wollen und für den Volksschüler mit dem gleichen Recht und der gleichen Verbindlichkeit wie für den Schüler mit einer gehobenen Bildung.

Es ist erstaunlich und sollte zum Nachdenken veranlassen, wie sehr die einfache Ordnung der Bewegung von den Sichbewegenden als sinnvoll, richtig und angenehm empfunden und nicht etwa als Zwang abgelehnt wird. Wir erfahren seit vielen Jahren im Unterricht mit Schwererziehbaren und Kriminellen jeder Art, daß gerade Übungen der Zucht und des Einhaltens einer bestimmten Ordnung gewünscht, ja verlangt werden. Ob nicht das ganze Erziehungswesen mehr in dieser Richtung vorgehen müßte, um vielen Gefahren zu begegnen?

In einem Heim für Schwersterziehbare der Arbeiterwohlfahrt, in dem die Burschen anfänglich zu tätlichen Angriffen übergingen, wollten sie nach einem Jahr des rhythmischen Unterrichts am liebsten draußen auf der Wiese vor dem Hause sitzen, die Lehrerin mußte unauffällig zwischen ihnen hin und her gehen und leise und mit längeren Pausen die Aufgaben stellen, etwa: „Sitzt so gerade, wie das Gras wächst! Laßt eure linke Hand zum rechten Ohr gehen! Die rechte Hand soll das linke Knie berühren!“ und dgl.

8. Erfinden: Die leibliche Phantasie

Es sind die vier Gegebenheiten *Raum, Zeit, Kraft* und *Form,* die in einem fortwährenden Wechselspiel miteinander stehen und eines vom andern abhängen. Sie bilden das Koordinatensystem im Niemandsland des Rhythmischen, in das der junge Mensch hineinwächst, wenn er sein Leben gestalten und formen möchte, und das ihm in der Erziehung vorgestellt werden muß, weil er darin planen und handeln soll.

War der erste methodische Gesichtspunkt der rhythmischen Arbeitsweise das Führen und Folgen, so ist der zweite Gesichtspunkt, der den Verlauf einer Stunde kennzeichnet, die Pflege und Übung der Phantasie und heißt kurz *Erfinden.*

Dazu ein Wort von Hermann Stehr: „Wenn ich mich kräftig und entschieden für die Phantasie ins Feuer lege, so muß niemand glauben, daß ich dabei immer nur an Geistiges denke, an Märchen und Puppenspiele, selbsterdachte Bilder und Zeichnungen, so wichtig dies auch alles zu sein scheint. Darin allein drückt sich die Phantasie jedoch nicht aus, am wenigsten bei Kindern. Sie besitzt ein Instrument, auf dem sie noch viel unmittelbarer und eindrucksvoller zu spielen weiß. Das ist der Körper, sind Arme und Beine, sind Füße und Hände, sind alle Gliedmaßen des werdenden kindlichen Leibes. Phantasie ist nämlich nicht eine Funktion des Gehirns. Sie steigt unmittelbar aus dem ewig kreisenden Strom der Welt und unseres eigenen Blutes und offenbart das rhythmische Gesetz des lebendigen Lebens. Phantasie ist eine Gnade unseres Leibes, aus welcher Gnade wir unendlich tiefer und reiner leben, als die Vernunft es erforschen und beschreiben kann."

Es sind zunächst alltägliche, einfachste Dinge und Erscheinungen, an denen sich das Denken und Erfinden betätigen soll — Dinge, die dem Schüler vertraut sind und an denen er sich selbst berichtigen kann, wenn ihm ein Irrtum unterlief. Man sollte vielleicht besser vom „Finden" sprechen — jener seltsamen Fähigkeit und jenem Bedürfnis des Menschen, sich selbst einen Weg zu suchen, bei eintretenden Schwierigkeiten selbst eine Lösung zu suchen und dann über eine solchermaßen, also ohne fremde Hilfe gefundene Lösung mehr Freude zu empfinden, als wenn gar keine Schwierigkeiten vorhanden gewesen wären.

Einige Beispiele (für verschiedene Altersstufen):

Was kannst du mit dem Ball anfangen? Was will er von dir?

Wie bewegt sich der Baum im Walde, wenn Wind, Regen, Sturm herrscht?

Was geschieht mit dem Pflänzchen auf dem Felde, wenn es Herbst wird? Zeige das! Nicht reden!

Wie fallen die Blätter vom Baum? Das einzelne Blatt?

Wie rollst und springst du, wenn du ein Ball bist?

In welches Tier verwandelst du dich? Gib ein Rätsel auf!

Bestelle dir von der Musik ein Tänzchen, und zeige, ob du ein ernstes oder lustiges oder komisches möchtest! Alle machen mit!

Sei eine Stimme in einem polyphonen Musiksatz, und gehe ihren Weg im Raum im Verein mit den anderen Stimmen!

Zeige ein Crescendo und Decrescendo der Bewegung! Zeichne es!

Gestalte einen von dir gewählten Kanon als Raumform mit der Gruppe!

Übungen des Tastens, Sehens, Hörens (vielfach mit geschlossenen Augen) und in Verbindung mit Bewegung!

Der gewissenhafte und auf Leistung bedachte Lehrer wird die Bedeutung und Betonung des Erfindens und der Phantasietätigkeit jeder Art schwer verstehen und für Zeitverschwendung halten. In der Praxis hat sich indes gerade dieser Gesichtspunkt als außerordentlich hilfreich erwiesen. Um ihn recht einzusehen, muß man sich klarmachen, daß unendlich vielen Kindern und Jugendlichen heute kaum Gelegenheit gegeben ist, eigene Entscheidungen zu treffen. Wir beobachten heute eine allgemeine Flucht vor der Entscheidung und der damit verbundenen Verantwortlichkeit auf vielen Gebieten des Lebens, Unsicherheit und Mutlosigkeit zeichnen die Menschen heute. Wird umgekehrt die Fähigkeit, sich zu entscheiden, bewußt und frühzeitig geübt, so tritt eine augenfällige Wirkung ein: Der Sichbewegende wird sicherer, freudiger und beweglicher im Denken wie im Handeln.

Einer der Begründer der physikalischen Chemie, Walter Nernst, spricht im Rahmen seiner Wissenschaft einmal von der „schöpferischen Energie des Nullpunktes“. Man könnte glauben, daß in dieser Forderung des Erfindens tatsächlich ein solcher Nullpunkt, jedem erreichbar, vorhanden und gegeben sei, in dem Fähigkeiten und Reserven freigelegt werden, die der Besitzer nicht geahnt und auch der Erzieher nicht in ihm vermutet hätte. Im Zeitalter der Apparate und künstlichen Bequemlichkeiten mag es nicht unwichtig sein, darauf hinzuweisen, daß hier allein die eigenen Glieder zu Hilfe genommen werden, der junge Mensch lernt sie zumindest in dieser Periode seines Lebens in ihrem Wert und ihrer Vollkommenheit kennen und brauchen.

Wenn das Kind in den ersten vier Jahren der Elementarschule unter der Anleitung eines guten Erziehers rhythmisch arbeiten darf, erlebt es in dieser Zeit die Freuden und Überraschungen bei der Entdeckung der umgebenden Wirklichkeit, die voller Wunder und Geheimnisse ist nach dem schönen Wort des Novalis: „Wir haben es in der sichtbaren Wirklichkeit mit der Bilderschrift Gottes zu tun, und nun heißt es, lesen zu lernen.“ Die zunehmende geistige Beweglichkeit erklärt die Fortschritte, die in den verschiedenen Schulfächern gemacht werden und die sich augenfällig überall dort zeigen, wo rhythmisch gearbeitet wird.

Für den Erzieher gilt die Forderung nach der geistigen Beweglichkeit ebenso wie für die Schüler. Er muß, mit anderen Worten, improvisieren können, imstande sein, die augenblicklichen Bedürfnisse der Schüler zu erspüren und notfalls von seinem vorbedachten und geplanten Stundenverlauf abzugehen. Das ist im Anfang nicht leicht, und die fröhliche Sicherheit erwächst erst aus der Praxis. Aber gerade in der Fähigkeit des Improvisierens entwickelt sich die Pädagogik zur Kunst der Menschenbeobachtung und Menschenführung, als die sie heute dringend nötig ist.

Alle schweren Neurosen und Psychopathien sind gekennzeichnet durch Flucht vor jedem Entschließen und jedem Handeln. Mit der zunehmenden Technisierung der Welt werden immer mehr Menschen der eigentlich schöpferischen Tätigkeit entzogen und zu reiner Erwerbsarbeit gezwungen, daher entsteht Flucht vor der Arbeit, vor allem bei Lohn- und Gehaltsempfängern, während freie Berufe kaum je über Übermüdung, Erschöpfung, Urlaubsbedürftigkeit usw. klagen und zum Arzt kommen.

Das schöpferische Denken führt zur Schau, das Wissen zur Sicht. Wie ein Städtebild ohne Planung nicht sein kann, so die Erziehung nicht ohne Menschenbild.

Das Komitee der Atomphysiker in den USA: „Unsere Welt wird von einer Krise bedroht, deren Tragweite von denen, die die Macht haben, große Entscheidungen zum Segen oder Fluch der Menschheit zu fällen, noch nicht begriffen worden ist. Die entfesselte Atomenergie hat alles geändert — mit Ausnahme unserer Denkungsart, und wir treiben einer beispiellosen Katastrophe entgegen. Eine neue Denkungsart ist nötig, wenn die Menschheit am Leben bleiben und sich nach einer höheren Ebene hin entwickeln soll."

Hinweise für den Erzieher:

„Eine Form entsteht, wenn Raum, Zeit und Kraft in ein harmonisches Verhältnis zueinander gekommen sind. Hierzu ein Beispiel aus dem Geräteturnen: Ein Sprung über den Bock hat erst seine Vollendung und seine Form erreicht, wenn der Absprung organisch aus dem Anlauf herauswächst — der Anlauf muß also in seinem Tempo auf den Sprung hinzielen (Zeit) —, wenn die räumliche Ausdehnung des Anlaufs (Raum) im richtigen Verhältnis zur Sprunghöhe und zum Kraftaufwand (Kraft) steht — auch ein niederer, kleiner Sprung kann formvollendet sein —, wenn endlich der Sprung selber in guter Haltung ausgeführt ist und wenn der Aufsprung die ganze Kraftentfaltung geschickt auffängt und zum Ausklingen bringt.

Daß die Form sich allmählich aus verschiedenen Übungsphasen heraus entwickelt, ist wesentlich für den Aufbau des Unterrichts. Dies gilt für die Leibesübungen wie für die übrigen Fächer. Wir waren z. B. beim Prozentrechnen in Dreisätzen angelangt. Man kann es sich selbst und den Schülern sehr einfach machen, indem man ihnen gleich ein festes Schema gibt. Reihenweise werden Rechnungen gelöst, aber wehe, wenn einmal eine kleine Veränderung auftaucht, die nicht mehr in das bekannte Schema hineinpaßt. Ich gab nun sehr lange keine feste Form an, in der die Lösungen darzustellen seien, so lange, bis alle selbständig ihren Weg gefunden hatten. Dann freilich legten wir eine allgemeine Darstellungsart fest. Nun hatte die Form Sinn und Bedeutung und konnte auch entsprechend abgeändert werden, sofern es die Aufgabe erforderte" (aus einem Arbeitsbericht).

Die Erziehung zur Form wurde immer schon wichtig genommen. Sicherlich hatten es die früheren Generationen hierin leichter. Ihre Lebensform war festgelegt, gesellschaftliche Formen waren viel strenger vorgeschrieben. Freilich war auch diese äußere Form nicht immer erfüllt, und mancher trug sie wie eine Maske. Wir aber, die wir einen neuen Lebensstil finden müssen, können nichts Besseres tun, als in unsern Kindern das Schöpferische zu entfalten und die Kräfte zum eigenen Gestalten zu wecken. Der Sinn für edle Form und Harmonie wird ihnen ein lebendiges Verhältnis zu Natur und Kunst gewähren. Er wird aber auch das Zusammenspiel mit der Umwelt erleichtern und die Entwicklung zur Persönlichkeit ermöglichen.

„Der europäische Mensch des 20. Jahrhunderts ist in sein Ich hinein erstarrt wie die Spinne in den Bernstein. Es bedarf eines Schmelzprozesses, um ihn auszulösen" (Jakob Wassermann).

„Überraschung, Verwunderung sind die Anfänge des Begreifens, sie sind der ureigenste Sport und Luxus des geistigen Menschen. Darum ist es seine Zunftgebärde, die Welt aus staunend geweiteten Augen zu betrachten. Dies eben, das Sichwundern, ist eine Götterfreude, die dem Fußballspieler versagt ist, den Denker aber im unaufhörlichen Rausch des Schauenden durch die Welt treibt" (Ortega y Gasset).

Zur körperlichen Schönheit:

„Anima forma corporis — Die Seele ist das den Körper formende Prinzip“ (Thomas von Aquin).

„Der Leib ist Gott nicht verbunden, sondern frei von ihm gegeben zu allen äußerlichen Dingen“ (Luther).

„Schönheit ist kein Ziel, sie ist eine Belohnung“ (Saint-Exupéry).

„Das letzte Produkt der sich immer steigernden Natur ist der schöne Mensch. Zwar kann sie ihn nur selten hervorbringen, weil ihren Ideen gar zu viele Bedingungen widerstreben, und selbst ihrer Allmacht ist es unmöglich, lange im Vollkommenen zu verweilen und dem hervorgebrachten Schönen eine Dauer zu geben. Denn genaugenommen kann man sagen, es sei nur ein Augenblick, in dem der schöne Mensch schön sei“ (Goethe).

9. Die Persönlichkeit

Der Mensch im Zeitalter der Technik genießt täglich Vorteile, die ihm die technischen Erfindungen bereitstellen und ihm dadurch Lasten abnehmen, die er früher mit eigenen Kräften zu bewältigen hatte. Sie entzieht ihm aber auch täglich die ursprünglichen Kräfte, indem sie sie kaltstellt. Das menschliche Grundvermögen schmilzt dahin, weil es nicht mehr in Aktion zu treten braucht, der Mensch verarmt rettungslos. Es ist das Gleichnis vom Schatz, der im Acker verborgen liegt und seinen Besitzer der Verschwendung schuldig spricht. Das Artifizielle, das „Tüchtige“, das „Profitliche“ nimmt zu, das Elementare, Einfache, in sich selbst Ruhende nimmt ab. Erfahrungen, die das wichtige Verhältnis des Menschen zu Raum und Zeit betreffen, sind uns durch die Technik fremd geworden, denn diese beiden sind in ihrem eigensten Wesen durch die Technik entstellt und verfälscht worden, so daß ein verzerrtes Bild der Wirklichkeit entsteht. Dafür erleben wir ein Trommelfeuer von intellektualistischen und rationalistischen Reizen durch Kino, Radio, Television, Illustrierte usw. und machen die Erfahrung des steigenden Grauens, der zunehmenden Hygiene und der absterbenden Humanität, der wachsenden Massen und schwindenden Individualität. Unter solchen Bedingungen entsteht der glaubenslose, „vom Apparate eingestampfte Mensch“ (Jaspers), und es wird dem einzelnen schwer, sich selbst zu einer Persönlichkeit zu entwickeln.

Kann hier Erziehung helfen?

Wer im Reich des Rhythmischen aufgewachsen ist, hat in diesen Jahren einen gewissen Bestand von Fähigkeiten erworben, die zu den elementaren gehören: Er ist an Sammlung gewohnt, hat sein Denkvermögen im gesamtmenschlichen Zusammenhang geschult, Bereitschaft, Spontaneität, schnelles und leichtes Reagieren, Klarheit und Anschaulichkeit auch schwieriger Begriffe und dazu Urteilsvermögen erworben und bringt dem, was von jetzt ab in der Schule erlernt werden muß, ein lebendigeres Interesse entgegen, ebenso sind Staunen und Ehrfurcht, der Blick auf alles Lebendige ihm zur Natur geworden. Ein guter Bestand von dem, was wir Persönlichkeit nennen, ist bereits vorhanden, und es wird nun von seinem späteren Schicksal abhängen, wie weit sich alles in ihm zur Ganzheit der Person zusammenfügt.

Diese hier mehrere Jahre hindurch geübte „Pädagogik des Elementaren" bedeutet zugleich eine höchst wirksame Hilfe gegenüber Krankheitserscheinungen, die unserer Zeit in wachsendem Maße ihr Gepräge aufdrücken und die Pädagogik wiederum in nächste Nähe zur Psychotherapie stellen: Neurose und Kontaktarmut.

Beide Erscheinungen äußern sich im Unvermögen des Patienten, zu den Menschen und Bedingungen seiner täglichen Umwelt in ein befriedigendes Verhältnis zu kommen. Sie werden mit unendlichen Opfern an Zeit und Mühe und selten mit Erfolg behandelt und könnten doch zum größten Teil vermieden werden, wenn die Erziehung jedem die Möglichkeit gäbe, sich selbst unbefangen und im Einvernehmen mit anderen an einfachen Bewegungsaufgaben, wie sie das tägliche Leben in Raum und Zeit stellt, zu üben.

Im Niemandsland des Rhythmischen wird diese Fähigkeit des Sicheinfühlens mit Bedacht entwickelt, dabei findet das große Gesetz der Polarität im besonderen Maße seine Anwendung und Wirkung. Denn der Mensch ist sowohl eine Einzelperson wie auch ein Gemeinschaftswesen. Er muß sich in den elementaren Aufgaben zunächst ganz selbständig entscheiden, befindet sich aber stets vielen anderen Partnern nahe, die das gleiche Recht auf freie Bewegung wie er selbst haben und ausüben. Es erfolgt daher — bewußt oder unbewußt — fortwährend ein leiser Wechsel zwischen beiden Polen, und die Steigerung bleibt nicht aus.

Ich möchte fragen: Wie soll heute ein junger Mensch seine natürlichen Möglichkeiten, Fähigkeiten und Grenzen tatsächlich und überzeugend nicht nur kennen-, sondern auch allmählich erweitern lernen? Wo lernt er, in jedem Augenblick anderen hilfreich zu sein und ebenso sich helfen zu lassen? Hier werden schon die Kleinkinder veranlaßt, sich rücksichtsvoll und auf andere bedacht zu bewegen. Kommen sie z. B. zur Tafel oder zum Instrument gelaufen, so werden die kleinsten unter ihnen in die erste Reihe geschoben, jedes Kind lernt das andere zu führen oder paßt sich umgekehrt der Führung eines anderen an, zwei oder mehr spielen mit einem Reifen, einem Ball usw. Das spielt sich in einer Unterrichtsstunde hundertmal ab und wird zur einfachen Gewohnheit. Denn das Gefühl des Kontakts mit den Mitmenschen kann nicht infolge einer Anweisung, sondern nur spontan und aus tiefer Einsicht und Natur heraus geschehen. Hier wird das große Gebot der Nächstenliebe in das tägliche Leben aufgenommen, das Gebot, das zugleich das Prinzip der Polarität mit den Worten der Bibel aussagt: „Du sollst deinen Nächsten lieben wie dich selbst."

Es ist nicht unwahrscheinlich, daß eine solche Erziehung zur Gemeinschaft in Raum und Zeit in Zukunft auf irgendeine Weise verwirklicht werden wird, um der zunehmenden Vermassung entgegenzuwirken. Auch die Bekämpfung der Kriminalität hätte einen Gewinn davon. Denn mit der Gelassenheit und Sicherheit des einzelnen Menschen wird das Leben reicher, inhaltsvoller und für alle schöner. Die ungeheure Menge an Konfliktstoff, die sich in der modernen Welt angesammelt hat, kann nur von unten her, im einzelnen Menschen, der mit sich selbst ins Gleichgewicht kommt, beseitigt werden.

„Der ewige Sinn erfüllt sich durch Ordnung, und einzig durch Ordnung wird der Mensch seiner Ebenbildlichkeit gerecht" (Werfel).

10. Pädagogik des Elementaren

Die Bewegung ist das Unscheinbarste, Bescheidenste, Selbstverständlichste und deshalb scheinbar Uninteressanteste, das wir kennen. Und gerade sie soll zum Ausgangs- und Mittelpunkt eigener erzieherischer Arbeit gemacht werden?

Das Wesen der Bewegung ist nicht durch Worte erfahrbar. Wie soll die Vielfalt, wie sie in jeder Stunde, bei jedem einzelnen Schüler wie im Gehaben der Gruppe sichtbar wird, in Worten beschrieben werden, wie die winzigen, doch deutlichen Fortschritte in der Qualität der Bewegung geschildert werden, um sie womöglich in der Vorstellung des Lesenden wiederzuerwecken? Das Wort, das sich in alles hineindrängt, ist nicht zuständig, wo es sich um elementare Vorgänge und Erlebnisse des Menschen handelt. Eine Pädagogik des Elementaren wird daher nur dem begreiflich werden, der sich zu eigenen und genügend langen Versuchen bereit findet. Dann freilich wird er nicht mehr suchen sondern wissen, daß er etwas gefunden hat, das in seiner ganzen Fülle zu verstehen sein Leben nicht ausreichen wird.

Es ist durchaus verständlich, daß der tüchtige Erzieher der alten Schule die Bewegung eher als Zeitverschwendung denn als Hilfe ansieht. Solange das Rhythmische an der Peripherie bleibt, eingeschoben in andere Belange, ist hier wirklich Zeitverschwendung. Das wird nur anders, wenn dieses Rhythmische im großen Gelände der Erziehung zum tragenden Grund unterhalb jeder Fächerspezialisierung gerechnet wird, aus dem die Wasser aufsteigen und in den man sich immer wieder zurückziehen kann, wenn die Gefahren der Technisierung und Mechanisierung zu groß werden.

In der Geschichte der Pädagogik hat die Bewegung in diesem Sinne bisher kaum eine Rolle gespielt. Wohl haben unsere großen Pädagogen stets darauf hingewiesen, sie sahen aber alle die praktische Seite der Körperbildung mehr im Sinne der Muskelfunktion als die Beziehung zu Geist und Seele.

Am nächsten ist vielleicht Fröbel gekommen, als er in einem Brief schrieb: „Daß ich das Kleinste in seiner größten Bedeutung, das Besonderste, Einzelne in seiner allgemeinen Verbindung und Verkettung, das Getrennte in seiner innigsten Einigung mit dem Ganzen und die Einheit des scheinbar Toten durchdrungen vom Leben an sich schaue, beweise, mein Leben dafür einsetze“, und ein andermal: „In meinen Steinen, den Kristallen, hatte ich ein zu helles Lebenslicht gesehen, als daß es mir länger möglich geworden wäre, es dem Leben ... vorzuenthalten. Nach diesen Gesetzen müßte der Mensch nicht nur sein Dasein anfangen — nein, er müßte sich auch nach diesen Gesetzen entwickeln, gestalten, bewußt werden: er müßte danach erzogen werden.“

Bewegung ist wie Dichtung und Musik ein beständiges Erforschen des Unbekannten, ein Ausgehen auf Entdeckungen im Rätselhaften. Sie ist wie Stimme und Blick Träger des Geistigen wie des seelischen Lebens, ein Spiegelbild des inneren Zustandes, als Ganzes zu begreifen. Lionardo sagt: „Die Seele wirkt im Körper wie der Wind in der

Orgelpfeife." In diesem Land ohne Grenzen gibt es für den Erzieher zum Rhythmischen als eigentlich „rhythmische" Aufgaben nur solche, und zwar alle diejenigen, die auf unmittelbares Zusammenwirken von Denken und Tun, Innen und Außen, Körper und Geist gerichtet sind, die mit anderen Worten den Sichbewegenden zu eigener Entscheidung veranlassen. In diesem Sinn haben die vielen Spielchen, Lieder- und andere Tänzchen, die so häufig der Rhythmik zugeschrieben werden, nur dann einen Wert, wenn sie von den Sichbewegenden selbst gestaltet, nicht aber eingeübt werden.

Durch eben diese Bedingung verliert die Bewegung an technischer Gekonntheit, gewinnt dafür an Eigenart und läßt etwas vom Wesen des Sichbewegenden durchscheinen. Eine neue Art von Schönheit tritt allmählich zutage in dem Maße, wie der Schüler sich selbst in Raum und Zeit sicherer äußern lernt — eine Schönheit, wie wir sie heute nirgendwo erblicken, ja es scheint fast unmöglich, davon zu überzeugen, daß der Mensch nicht nur als Karikatur und Groteske abzubilden sei, wie es heute die Regel ist, sondern daß auch einfache Wahrheit, Schlichtheit, Reinheit von unsäglichem Reiz sein kann. Wir kennen uns in den Strichfiguren und Formeln der mathematischen Lehrbücher genau aus, wenn wir Mathematiker sind oder werden. Aber die menschliche Bewegung als Totalausdruck in ihrer unendlichen Wandlungsfähigkeit und Deutbarkeit vermögen wir nicht zu lesen, obgleich wir Menschen sind. Freilich kann diese Art von Schönheit nicht vorgezeigt und ausgerechnet werden, sie ist ein Geschenk des Augenblicks und gewinnt an Dauer erst, wenn die Erziehung wirklich einen festen Grund zum Gleichgewicht geistiger und seelischer Art gelegt hat. Es ist der „beseelte Organismus", den der Arzt Dr. Frankl als Aufgabe der Psychosomatik hinstellt. Wiederum finden sich hier Beziehungen zwischen der Pädagogik und der Psychologie, die aufgegriffen werden sollten, wenn nicht alles nur leere Worte auf dem Papier bleiben soll.

Dem rhythmisch Erzogenen ist die Forderung, daß Bewegung etwas „aussagen" müsse, ganz natürlich, sinnvoll, selbstverständlich und der leeren Gestik vorzuziehen, etwa wie ein beladenes Schiff Tiefgang hat und sich besser steuern läßt als eine leere Nußschale. Ja, es stellt sich im Lauf der Entwicklung heraus, daß Bewegung ein schlechthin vollkommenes Verständigungsmittel, genau wie die Sprache, ist, fast noch nuancenreicher, und daß sie zur gleichen Höhe wie das bisher allein übliche Wort entwickelt werden kann. Der Erzieher, der diese Sprache beherrscht, besitzt in ihr eine fast unerschöpfliche Hilfe, um seine Schüler in ihren bewußten und unbewußten Regungen zu verstehen, er hat es kaum nötig, mit ausgeklügelten Tests zu arbeiten, denn die Bewegung kennt keine Umwege und spricht unmittelbar von Mensch zu Mensch. Sie hat aber auch die Möglichkeit — anders als in der mündlichen Auseinandersetzung —, vieles unausgesprochen zu lassen, vieles, was sich im Unterricht abspielt, anonym zu lassen, da jeder mit sich selbst beschäftigt ist — das ist wichtig im Gegensatz zu der heutigen Lust an der Indiskretion in Analyse, Umfrage, Photographie usf.

„Es ist falsch, daß die Psychoanalyse alles in der Seele Verdeckte aufdecken will, der ‚Himmel', der über dem Menschen ist, über seinen Gegensätzen, vermag das Störende aufzunehmen, aufzusaugen, ohne daß der Mensch es merkt. Dieser Himmel wartet sogar darauf, daß er es aufnehmen kann. Der Mensch ist mehr geschützt, als er weiß. Es wird ihm mehr zugedeckt, als er selbst zudecken könnte" (Max Picard).

„Es gibt in jedem durchgebildeten Ich eine Schicht, die unter keinen Umständen aufgerissen, nicht einmal angerührt werden darf. Was in ihr lagert, lasse man ruhn" (Max Dessoir).

11. Gleichgewicht

Ein merkwürdiger Widerspruch, eine Diskrepanz fällt auf, wenn man das Verhalten der Menschen beobachtet: auf der einen Seite die Welt mit immer neuen Möglichkeiten, von einer bei aller Wissenschaftlichkeit doch letzten Endes unerklärlichen Schönheit und Großartigkeit in der Einfachheit, unerschöpflich für die Betrachtung; auf der anderen Seite die Unfähigkeit, sie wahrzunehmen, und anstatt bewußter Erkenntnis die beständige Angst, etwas zu versäumen, etwas einzuholen, was im Verschwinden ist, eine Gier, sich den andern gegenüber in irgend etwas hervorzutun, ein vollkommenes Absehen von der gegebenen Möglichkeit, das eigene Leben zu erfüllen, die eigene Aufgabe dankbar hinzunehmen im Bewußtsein, daß die Spanne Zeit begrenzt ist und daß das Leben auf dieser Welt ein Geschenk ist, nicht eine wilde Jagd und Hetze.

Die Erfolge am Himmel werden mit großen Entbehrungen auf der Erde erkauft. Aber auch in einer legendären Zukunft muß der Mensch fähig sein, mit beiden Beinen auf der Erde zu stehen und große Aufgaben zu lösen. Nur das tägliche Verweilen bei den gleichen Dingen hat die Kraft, sich unbewußt mitzuteilen und Leben zu steigern. Der bewundernde Reisende erweitert wohl seine Genüsse, nicht aber sein Leben, der angeschlagene Ton verklingt zu schnell. Ein Blumentopf am Fenster kann mehr Leben mitteilen als eine Hochgebirgsreise. Anstatt der wirklichen Natur begnügt man sich heute mit ihrer Abstraktion, Abkürzung, präparierten und konservierten Zeichen, Photographie und Reproduktion. Das Momentbild kann jede Hand auslösen, sowohl des Genies wie des Irrsinnigen. Man lernt vom Photographischen her die Natur betrachten, wünscht dabei womöglich, daß unter jedem Bild die Belichtungszeit, die Blende, die Tageszeit der Aufnahme, die Firma des Apparates, Angabe über die Anwendung des Farbfilters stehen.

„Die Notwendigkeit der Technik leitet sich aus dem Mangel an spezialisierten Organen und Instinkten her. Hammer, Mikroskop, Telefon verstärken natürliche Fähigkeiten, die nirgendwo zur Entfaltung kommen. Die Welt der Technik ist geistreich und trickreich, lebenfördernd und lebenzerstörend. Der stürmische Fortschritt der modernen Technik geht zusammen mit den Naturwissenschaften und mit der kapitalistischen Produktionsweise, sie stimulieren sich gegenseitig" (Arnold Gehlen, Die Seele im technischen Zeitalter).

„Nur wenn der Mensch in seinem geistigen und seelischen Vermögen so gebildet ist, daß er auch ohne den Zwang der Arbeitsdisziplin etwas mit sich anzufangen weiß, wird die lange Freizeit für ihn ein Segen sein. Sonst wird sie ein Fluch, und dieser Fluch wird Langeweile heißen: geistige und seelische Verödung, der auch der höchstspezialisierte Ingenieur verfallen wird — auch er kann mitsamt seiner Mathematik zum Höhlenmenschen werden" (Carlo Schmidt).

„Menschen leben nicht nur von billigen Staubsaugern, sondern auch von anderen und höheren Dingen, die im Riesenschaffen der Industriekolosse verkümmern könnten. Die Entscheidung in der Auseinandersetzung mit dem Kommunismus fällt auf dem Felde des Geistig-Moralischen" (Wilhelm Röpke, Jenseits von Angebot und Nachfrage).

Was mit der Freizeit beginnen! Mit schöngeistigen Wunschträumen kann man den Fließbandarbeitern nicht helfen. Sie besuchen kaum die Volkshochschulen. Ist die Frage der Freizeit beantwortet durch den Ankauf einer hochpolierten Fernsehtruhe? Versinken wir in die Unterwelt geistiger Verkümmerung, oder finden wir zur Natur zurück?

Können wir noch einfach werden? Wie gelangen wir zum Gleichgewicht? Hat die Erziehung überhaupt eine Möglichkeit, sich dem offensichtlichen Sog nach unten, der alle Denkenden bedrückt, entgegenzustellen?

Die Einführung in Raum und Zeit bedeutet eine Auseinandersetzung mit der Wirklichkeit — einer Wirklichkeit ohne Vortäuschung, künstliche Hilfen, Konventionen und Erleichterungen —, einer Wirklichkeit, die auf den ersten Blick unscheinbar, gar nicht vorhanden, bei näherer Bekanntschaft dagegen unmittelbar überzeugend und alle Kräfte des Geistes und Gemüts in Anspruch nehmend ist.

Diese Wirklichkeit greift aufs engste in das tägliche Leben des einzelnen hinüber. Das Kind, das in der Rhythmikstunde seine ersten Aufgaben erhalten hat, findet eine ganz ähnliche Situation daheim wieder und kann dort die gleiche Bemühung wiederholen, sei es in der Familie oder in der Heimerziehung. Hat es z. B. in der Stunde gehört: „Kannst du ganz langsam und leise auf den Hocker steigen? Mit einem Ball oder Stäbchen auf der flachen Hand?“ oder: „Kannst du ein ganz kleines Rund mit zwei Fingern zeigen? Und ein ganz großes Rund mit dem ganzen Körper? Kannst du solche winzig kleinen und riesengroßen Runds draußen wiederfinden?“, so wird es mit wachen Augen um sich sehen und weiterüben, denn die Sinne sind aufmerksam geworden. Daher sehen wir oft die kleinen Schüler nach ihrer Stunde draußen vor sich hin üben, aus eigenen Antrieb und ganz in ihr Tun versunken. Und wenn der Unterricht immer in der gleichen Richtung, nämlich als Wahrnehmung von Raum und Zeit und Anpassung an ihre Gesetze vor sich geht, bildet sich mehr und mehr das Bewußtsein, daß jede sogenannte „rhythmische“ Aufgabe ihre Entsprechung im täglichen Tun und Erleben besitzt und daß man sich auch außerhalb des eigentlichen Unterrichts einordnen und an sich selbst erfüllen muß, was man als Gesetz spürt — daß alles Erleben zum Gleichgewicht führt und daß alle Dinge bedeutungsvoll werden. Dem älteren Schüler, der an das sinnhafte Betrachten der Wirklichkeit und die ständige Verbindung des Alltäglichen mit dem Universellen gewöhnt ist, bieten sich andere Zusammenhänge symbolischer Art, so z. B. die Asymptote: Sie ist eine Gerade, die sich mit der Kurve gern verbinden möchte, aber nicht kann, da diese Kurve sich durch ihren Krümmungscharakter von der Geraden immer unterscheidet — Bild der ewigen Sehnsucht nach Berührung, Zusammenfallen, das immer unerreichbar bleibt. In diesem Sinne ist das Asymptotische nicht nur Schicksal der Hyperbeltangente, sondern ebenso unvermeidbares menschliches Schicksal, Sinnbild der Unberührbarkeit des Lebens mit dem Göttlichen, Absoluten.

Mit anderen Worten: Vom ersten Augenblick der Einführung der rhythmischen Pädagogik an findet ein Prozeß der Selbsterziehung statt, der ohne besonderen Ansporn, ohne Aufsicht, ja oft auch ohne Wissen des Erziehers vor sich geht, ganz ohne Worte, bei jedem anders verlaufend, wie jeder Schüler ganz eigene Anlagen und Lebensbedingungen hat.

Eine allmähliche Verwandlung vollzieht sich, die der Erzieher vielleicht am ehesten am immer gelösteren und schöneren Bild der Bewegung feststellt, wie denn jeder Zuwachs an innerem Gleichgewicht auch das äußere Bild unverlierbar prägt. Es mischen sich hier Bewußtes und Unbewußtes, Außen und Innen durchdringen einander und steigern sich gegenseitig, denn hier herrscht das große Gesetz der Polarität, das zum Wohle des Menschen wirkt. Diese Veränderung zum Besseren hin ist so augenfällig und hat sich in so vielen Fällen als Tatsache erwiesen, daß man nur wünschen möchte, die Wissenschaften vom Menschen möchten sich mehr darum annehmen, um Ursprung und Wurzel der Wesensbildung in der Bewegungsbildung zu untersuchen. Der einzelne Erzieher ist selten dazu imstande, denn ihm wird vor allem die fachliche Bewährung und Leistung abverlangt, hinter der die Arbeit an der Ganzheit zurücktreten muß. Wohl kann er gelegentlich eine bedeutsame Hilfestellung geben und gewissermaßen einen Brückenschlag zu anderen Ufern tun, wenn er ein Erlebnis der Stunde mit dem Vers eines Dichters oder auch einem Bibelwort verbindet und die Schüler die engen Zusammenhänge zwischen Leben, Dichtung und Offenbarung spüren läßt. Wieviel Schönes ist gesagt worden zum Lobe des Sehens, des Hörens, zum Wesen der Zeit, der Ewigkeit, des Todes, das alles, in den Rahmen des Erlebens eingespannt, einen tiefen und bleibenden Eindruck hinterläßt! Viel Auswendiglernen, auch in fremden Sprachen, ordnet sich mühelos und lohnend in die Einführung der Erfahrung von Raum und Zeit ein!

Das gleiche gilt für die Physik, die ebenfalls zu anschaulicherem Leben erwacht, wenn einmal vom eigenen Raum-Zeit-Erleben ausgegangen wird. Alles, was z. B. die Lehre vom Gleichgewicht betrifft: Unterstützungsfläche, labiles und stabiles Gleichgewicht, Trägheit, Pendelbewegung usw., ist geradezu symbolisch für das Verhalten im täglichen Leben und prägt sich jedem Sichbewegenden auf die verschiedenste Art ein.

Ebenso kann die erste Auffindung oder Entdeckung der Naturgesetze und ihre allmähliche Auswertung in der Praxis zum erregenden Erlebnis werden, wenn die Erfahrung am eigenen Körper zum Ausgang genommen wird, und es ist wahrscheinlich, daß noch viele andere Beziehungen zu Lernfächern auftauchen, wenn einmal von Raum und Zeit als Ursprung alles Denkens und Handelns ausgegangen wird. Eine neue Welt der Anschauung würde sich auftun, und die Nutzanwendung auf die heute so problematisch gewordene Verwendung der Freizeit kann nicht ausbleiben. Denn der Satz: „Daß uns werde klein das Kleine und das Große groß erscheine", wird hier wirksam, auch ohne jede besondere Bemühung und Belehrung.

Die Tatsache, daß Erziehung zum größten Teil Selbsterziehung sein muß und daß die einfache Bewegungserfahrung, und nichts so elementar wie sie, diese Wirkung auszulösen vermag, kann nur derjenige anerkennen und begreifen, der um den fundamentalen, bis in den tiefsten Wesensgrund reichenden Unterschied zwischen *Denken gleich Reden* und *Denken gleich Handeln* weiß. Es ist ein Prozeß, der lautlos abläuft, in dem nichts abgefragt, nichts in Aufsatzform beschrieben und mit Zensuren belegt wird. Er wird nur offenbar durch das sich wandelnde Bild der Bewegung, die harmonisch wird und sich äußert im strahlenden Blick der Augen, im guten Einvernehmen der Klasse oder Gruppe, im hilfsbereiten Verhalten jedes einzelnen. Es darf hier keine Verwechslung zwischen Intellektualismus und Geistigkeit geben. Die rhythmische Körperbewegung vollendet sich durch die Geistigkeit und hängt unmittelbar mit ihr zusammen, nicht mit dem reinen Intellekt, den man ihr vorwirft, wenn man für Entspannung plädieren möchte, daher denn auch das bis ins Detail gehende Funktionsbewußtsein eher hindert als ihr nützt. Es sind noch viele Fragen im Verein mit Wissenschaftlern und Erziehern aller Sparten zu lösen, ehe sich das Prinzip des Rhythmischen klären und durchsetzen kann.

Zur Frage des Geistigen sagt Hellpach in „Wellengesetz des Lebens": „Kultur ist nur möglich durch den Geist; was wir so nennen, ist aber nicht der bloße Verstand, der ‚Intellekt' oder die ‚Intelligenz', sondern ein neuartiges, keinem Tier und nur dem Geschöpf Mensch vorbehaltenes Ganzes der Haltung zur Welt, welches Verstand ebenso wie Willen, Phantasie ebenso wie Gemüt in sich enthält und keines dieser Bestandteile entraten kann. Die Auswüchse der Gegenwart: Konfektionskultur, Propagandageschrei, Maßlosigkeit der Ansprüche, Rekordsucht — was gegen sie ankämpft, ist allein der Geist."

Zum Verständnis des Rhythmischen gehört auch die Erkenntnis vom Gesetz der Polarität, das eine so große Bedeutung für alles Rhythmische hat und dem alle Erfolge der Einführung in Raum-Zeit zu danken sind. Es ist ein „Gesetz", unscheinbar, leicht zu verletzen, nach einem Wort von Stifter „sanft". Aber nichtsdestoweniger ist es eben Gesetz, das denjenigen, der es dauernd mißachtet, mit seiner ganzen Strenge und Wucht bestraft, das Leben steigert wie auch zerstört. Dieses Gesetz steht in unauflöslichem Widerspruch zu jeder Einseitigkeit, die, wie ein alter Spruch sagt, die „Mutter der Virtuosität" ist und die heute hochgeehrt, dringend gebraucht und hochbezahlt wird. Soll daher die Ganzheit des Menschen angerufen und gebildet werden, so muß der Erzieher Verzicht auf die Perfektion leisten, er kann nicht beides gleichzeitig erreichen wollen.

Bei sachlich-leidenschaftslosem Durchdenken der großen Erziehungsprobleme muß endlich auch die Einseitigkeit des heutigen Sportbetriebes als Gefahrenmoment deutlich werden. Was der Sport zur Zeit der alten Turnerbünde war: ein Mittel zur körperlichen Ertüchtigung und Ausgleich zur Berufsarbeit, ist er heute nur noch für wenige. Tausende treiben ihn, Hunderttausende treiben ihn nur zuschauend. Für diese passiven Massen und ihrer Hysterie preisgegeben, ist er zu einer mit Geldwetten verbundenen nervenaufpeitschenden Schaustellung geworden, latente Leidenschaften werden mobilisiert, und das Treiben ähnelt einem Rummelplatz. Manche Sportler haben sich verschworen, die Grenzen körperlicher Leistungsfähigkeit immer weiter hinauszuschieben, alle Freude am Spiel wird dem Fetischismus der Zehntelsekunde geopfert. Total ausgepumpte Geher, angeschlagene Boxer, siegreiche Läufer, die wie sterbende Fische am Ziel landen, werden im Bild verherrlicht und begeistern die Massen — und vor allem wird Geld verdient. Wie anders könnte es sein um die Würde des Menschenbildes, wenn die Erziehung zur zuchtvoll geformten Bewegung der Kraftäußerung zur Seite träte! Wie anders würde sich die Liebe zum Sport und die Freude daran entfalten, wenn die Erziehung zum Geistigen in der Bewegung gleichberechtigt steigend und befruchtend vorhanden wäre!

Wo pure Einseitigkeit herrscht, wird auch die schönste Gabe zunichte, und wo die Polarität unbeachtet bleibt, tritt an Stelle der

Wertsteigerung des menschlichen Wesens Verkümmerung und Verarmung.

Die Polarität ist — ob beachtet oder nicht — in jedem Augenblick wirksam, ebenso wie es die Gravitation längst vor ihrer Entdeckung durch Newton war und wie die Elektrizität zweihundert Jahre hindurch bekannt war, ehe man ihre praktische Auswertung in Angriff nahm.

Ob die Pädagogik sie einmal anerkennen und brauchen wird?

ZWEITER TEIL

1. Sinn und Bild einer Rhythmikstunde im ersten Schuljahr

Es ist eine Stunde der Besinnlichkeit und Behutsamkeit. Sie beginnt schon mit den Vorbereitungen, die die Kinder selbsttätig, in völliger Stille und möglichster Geschwindigkeit erledigen: den Raum frei machen, Kleider ablegen und aufhängen, Schuhe ausziehen und sich im Raum einen Platz suchen, wo sie stehenbleiben, alles dies mit wenigen Griffen und geschlossenem Mund. Die Lautlosigkeit hat sich eingespielt, nachdem einige Male die Stunde ausfiel, weil zuviel geredet wurde. Da es die Lieblingsstunde ist, lernte man sich leise und geschickt zu bewegen und alles so gut wie möglich in den Stand zu setzen, damit nichts von der Stunde verlorengeht.

Der Raum ist nicht sonderlich groß, das Klassenzimmer hat bewegliche Tische und Bänke, Haken zum Aufhängen der Sachen, eine große Wandtafel, außerdem auch einen Schrank mit kleineren Tafeln, für jedes Kind eine leichte, kleinere Tafel, denn wir zeichnen viel, und einige Geräte, die nach Bedarf hervorgeholt werden. Bei schönem Wetter arbeitet man auch vielleicht draußen auf einem abgegrenzten Stück Rasen. Wir sehen die kleinen Gestalten erwartungsvoll vor uns. Sie wissen schon, daß es in dieser Stunde, die nun täglich Jahre hindurch stattfinden wird, nichts eigentlich zu „lernen" gibt, daß aber das Erlebte in Herz und Sinn aufgenommen, auch wohl den Eltern berichtet wird. Unter den Kindern haben wir ganz verschiedene Typen: einige Kinder aus der ländlichen Umgebung, vom Bauernhof kommend, gedrungene kleine Mädchen mit hellen großen Augen, steifen Zöpfchen und kräftigem Körperbau, Buben mit strubbligem Schopf und derben Fäusten. Daneben Kinder aus dem Großstadt-Vorort, mit scheuen Augen, schmalem Brustkasten, fahrigen Gesten, einige mit umgehängtem Wohnungsschlüssel, auf die kein freundliches Zuhause wartet. Alle aber mit einer leisen Erwartung und Vorfreude auf etwas, das sie angeht. Keine Schulsachen, keine

Schulluft in dieser Stunde, nichts, was abgefragt oder sonstwie zu lernen ist, daher auch keine Angst.

Wer die Stunde oberflächlich ansieht, die sparsamen, mehr oder weniger geschickten Bewegungen der Kinder beobachtet, wird sich die Frage vorlegen: Was wird denn hier gelernt, erarbeitet, geschafft? Ganz augenscheinlich spielt die Muskelertüchtigung keine große oder gar ausschlaggebende Rolle, es fehlt das Ruck-Zuck aus dem Turnbetrieb, es fehlen die anfeuernden Kommandos, die weit ausgreifenden Bewegungen. Was geschieht hier? Ist die kostbare Schulzeit zu Recht hingebracht mit solchem Tun? Und steht dieses Tun in engem Zusammenhang mit allem, was vom Kind in der Schule erlebt und erlernt werden kann?

So wenig man hier äußerlich sieht, so reich wird das Bild im Lauf der Stunde, wenn man die einzelnen Kinder aufmerksam beobachtet, in ihren Gesichtern, ihrer Haltung, im Blick der Augen zu lesen weiß. Worte werden nicht verlangt, dafür gibt es Zeichen inneren Lebens und Bewegtseins, das Heben des Kopfes, die tiefe Atmung, ab und zu ein Blick des geheimen und freudigen Einverständnisses mit dem Lehrer, der die Aufgabe stellt und dem auch jedes Kind dabei helfen kann, wenn es selbst erfindet und Vorschläge macht. Das Kind spricht wenig, hat aber Gelegenheit, alle seine Organe zu üben, alle seine natürlichen Fähigkeiten zu zeigen, alle seine Schwierigkeiten dem beobachtenden Lehrer offenbar zu machen. Dieser wiederum hat die Möglichkeit, alles aufzuwecken und ins Spiel zu bringen, was er vom Kind zu wissen wünscht und zu wissen nötig hat, um es in seinem Wesen und nicht nur in seinen Leistungen zu fördern.

Was geschieht jetzt? Alle Kinder bewegen sich durcheinander in der Freiheit, die der Raum zuläßt, aber mit Vorsicht und Rücksicht, ohne irgend jemand in den Weg zu kommen oder gar anzustoßen. Wir gehen durcheinander, vor- und auch rückwärts, in wechselndem Tempo, auch mit eingeschalteten Pausen, so daß wir imstande sein müssen, unsere Bewegung plötzlich abzubremsen, wir finden unsern Platz im Raum wieder, nachdem wir ihn verlassen haben, wir nehmen das Tempo gemeinsam auf, beschleunigen und verlangsamen es auf Zuruf des Lehrers, wir nehmen ein anderes Kind an der Hand, führen es behutsam durch den Raum, wir wechseln mit ihm ab im Gehen und Stehenbleiben, wir fügen uns zu einem Kreis zusammen, ein Kind tritt mitten in den Kreis und gibt den andern Richtung und Tempo an. Und danach holen wir vielleicht die Bälle aus dem Schrank und spielen mit ihnen auf die verschiedenste Weise; wir denken uns selbst aus, was wir mit dem Ball anfangen können. Am besten macht jedes seine Weise, deren es unzählige gibt, vor, und alle machen es nach Möglichkeit genauso nach. Vielleicht wird dazwischen auch einmal ein Begriff, ein Ausdruck, ein sprachliches Geschehen näher erlebt, in entsprechende Bewegung umgesetzt und dadurch erläutert. Wir erarbeiten heute den Unterschied von „betont“ und „unbetont“ in zwei- und dreisilbigen Wörtern, prüfen daraufhin unsere Eigennamen, drücken sie im Gehen, durch Klatschen und leise Handbewegungen oder eine andere selbsterfundene Art aus, finden sie in kleinen Vierzeilern wieder, die gesungen und als kleine Form geschritten werden. Vielleicht liegen wir auch einmal still auf dem Boden, haben einen Ball aufgelegt und sehen ihn sich mit unserem Atem heben und senken, oder wir horchen auf die von außen dringenden Geräusche und versuchen, sie zu benennen. Sehr schnell pflegt die Stunde um zu sein, sie endet leise, mit wenigen Griffen wird der Klassenraum wieder wie zu Anfang hergerichtet.

Wir fragen noch einmal: Was geschieht in dieser Stunde äußeren Frohsinns und innerer Spannungen, der lautlosen, unaufhörlichen stummen Fragen?

Eines wird jedem Kind, wenn auch unbewußt, deutlich: daß hier keine Willkür des Erwachsenen vorliegt, nichts ihm Unverständliches vorausgesetzt und abverlangt wird, sondern daß es hier einer Welt begegnet, in der es sich zu Hause fühlt, sich frei und unbehindert äußern und seine Entdeckungen machen darf. Wenn Eltern einer solchen Stunde beiwohnen und ihr eigenes Kind beobachten, sind sie erschüttert, denn sie sehen hier ihr Kind in einem Eigenleben, wie sie es nicht kennen. Sie spüren das Aufwachen einer kleinen und doch schon ausgebildeten Persönlichkeit, denn hier geht es um eigene Entscheidungen, die vom Kind verlangt werden. Ist das etwas so Wertvolles und Absonderliches? Wir müssen bedenken, daß das Kind kaum je die Möglichkeit hat, irgendwann und irgendwo etwas Eigenes zu tun und gleichzeitig dabei auch zu denken. Wo darf es eigene Entscheidungen treffen, gleichzeitig aber sich auch vergewissern, ob diese Entscheidungen zu Recht bestehen oder geändert werden müssen?

So gering und unbedeutend sie von der Seite des Erwachsenen aus sind, so bedeutungsvoll sind sie für das Kind, das sich hier zu Hause weiß und darum in diesem Medium zum ersten Male bewußt Gewohnheiten und Urteile bildet. Solche Einsichten und Haltungen werden es ein Leben lang begleiten, und sie werden durch keine Beeinflussung später geändert werden können. Hier liegen die Keime zu späteren Taten verborgen, hier fließen die Quellen, die alles menschliche Handeln verursachen, hier gründen die ersten Anlagen zum Guten. Der Erzieher hat in diesen Stunden das Schicksal des Kindes in der Hand, soweit es sich überhaupt lenken läßt. Es gibt hier in der Tat keine nur nachzuahmenden Übungen, keinen Tadel und selten einmal ein Lob. Was wir sehen, gleicht eher einem freundlichen Gespräch zwischen Lehrer und Kindern, bei dem sich das Kind unbefangen und aufrichtig beteiligen kann, als gleichwertiger Partner mit eigenen Wünschen und Vorschlägen. Die Reihenfolge der Übungen scheint kunstlos, natürlich und fast zufällig entstehend.

Daß hier aber kein blinder Zufall am Werk ist, vielmehr ein Faden gesponnen wird, der sorgfältig weiterläuft, läßt sich erst im Lauf der Zeit erkennen, es braucht dazu Jahre und bringt Überraschendes für Schüler wie Lehrer, das Thema ist ohne Ende. Denn erst später, wenn die Entwicklungsstufe dazu erreicht ist, wird dem Schüler bewußt gemacht und lernt er begreifen, daß es sich stets um Zeit, Raum, Kraft und Form handelt, daß alle Aufgaben darauf Bezug haben und es sich in der Rhythmik darum handelt, das eigene Denken und Tun mit diesen großen Gegebenheiten ins Einvernehmen zu bringen, um sich der Ordnung willig einzufügen und an ihrer Größe und Schönheit teilzunehmen.

Die Wirkung des Unterrichts auf die Schüler ist von so großer, deutlicher und anhaltender Wirkung, daß man geradezu von einer Fernwirkung des rhythmischen Unterrichts sprechen kann. Sie ist seit mehr als fünfzig Jahren an den verschiedensten Stellen und unter den verschiedensten Bedingungen und Voraussetzungen beobachtet worden. Es scheint hier, indem man die Bewegung grundsätzlich als Ausdrucks- und Verständigungsmittel an Stelle des Wortes verwendet, eine Zentralstelle des menschlichen Wesens berührt und in Schwingung versetzt, von der aus sich Strahlungen nach allen Seiten des menschlichen Wesens erstrecken, die unter der alleinigen Herrschaft des Wortes niemals in Tätigkeit kommen würden. Die Kinder verändern sich nicht nur in ihrer Haltung, die höflich, geschickt, freundlich, entgegenkommend, hilfsbereit und kontaktsicher wird, sondern ebenso in geistigen Fähigkeiten: Urteilsvermögen, Gedächtnis, Aufgeschlossenheit, Vertiefung, Interesse, Ausdauer und Lerneifer.

Diese merkwürdige Entwicklung zu einem denkenden und danach handelnden Wesen müßte längst mehr die Aufmerksamkeit der Pädagogen erregt haben. Aber hier steht das Vorurteil im Wege, daß der Bewegung ohnehin schon genügend Platz und Wert durch Turnen und Sport gewidmet würde und daß die Bewegung überhaupt als „Fach" anzusehen sei. Dieser Gedanke steht zwar im Widerspruch zu der heutigen Weisung, daß die Ganzheit des Schülers zur Entwicklung kommen solle. Aber die hektische Eile und Sucht nach der genau abgegrenzten und zensurierten Leistung tun das ihre, um den Lehrer im engen Umkreis seiner fachlichen Tätigkeit zu halten und vor „Abschweifungen" zu bewahren.

Denn freilich handelt es sich hier um eine Abschweifung, ja fast um eine Umwälzung des Bestehenden in ein noch Unbekanntes. Es geht bei näherer Bekanntschaft mit der Rhythmik ja nicht um eine gelegentliche Zutat oder um eine Aufreihung sogenannter „rhythmischer" Übungen, sondern um ein neues Prinzip, Geist und Körper aneinander zu messen und zu steigern, das sich bis in alle Fächer hinein äußert und daher auch allen Fachlehrern bekannt sein und zur Verfügung stehen müßte.

2. Sinn und Bild einer Rhythmikstunde im letzten Schuljahr

Es ist eine Knabenklasse, die während der Unterstufe regelmäßig zweimal wöchentlich rhythmischen Unterricht hatte. In der Mittelstufe fiel der Unterricht zugunsten des Turnens ganz aus. Jetzt, in der Oberstufe, findet er wieder zweimal in der Woche statt, neben dem Sportnachmittag.

Im Schulgebäude befindet sich ein großer Saal, hell, sauber und freundlich, mit allem Notwendigen versehen, wie Unkleide- und Waschraum, großer Tafel und Instrument. Für Turnen und Sport ist die Turnhalle reserviert.

Die neue Umgebung bestimmt von vornherein einen anderen Ton und Stil der körperlichen Haltung und Betätigung, der sich schon beim Betreten des Raumes äußert, das ohne überflüssige Kraftentfaltung vor sich geht; man greift gern zu einem Gerät und übt damit bis zum Beginn am Platz. Die Schüler wissen, daß jetzt kein Messen, Wägen und Vergleichen mit der Leistung des Partners stattfindet, dafür andere Fähigkeiten und Möglichkeiten angerufen werden, die sonst selten oder nie gefragt sind, und daß man die Hilfsquellen dazu in sich selber suchen muß. Auch wissen alle, daß Zeit, Raum, Kraft und Form das Thema des rhythmischen Unterrichts bilden und daß von diesen Begriffen oft überraschende Beziehungen zu anderen Unterrichtsstoffen, zu ganzen Schulfächern oder auch zu Situationen des täglichen Lebens entstehen, so daß diese Stunde häufig unerwartete Aufschlüsse und Überlegungen mit sich bringt. Sie wird von einem Lehrer gegeben, der außer der Prüfung für Schulmusik als Lehrer der rhythmischen Erziehung an einer Hochschule für Musik ausgebildet ist. Die Jungen sind am Verlauf der Stunde mit ihren Fragen, Meinungen und Vorschlägen lebhaft mitbeteiligt. Im übrigen gibt es auch im Bereich des Rhythmischen ausgesprochene Begabungen, Interessen und Leistungen, nur sind sie anderer Art als in der Turnhalle.

Zwei Übungen dienen zur Einspielung und Einstimmung in die Klassengemeinschaft:

1. Ein Kreis wird gebildet, alle gehen in gleichem Schritt unter genauer Bewahrung der Kreisform. Dann wird ein allmähliches Zunehmen des Tempos geschritten, bei dem alle in völliger Einheit der Bewegung, jedoch ohne fremde Taktangabe, vom langsamen Schritt bis zum schnellen Laufen übergehen und dann ebenso ohne Ruck und Unterbrechung wieder langsamer werden, bis die Übung so langsam aufhört, wie sie begann. Sie wird zweimal geschritten, es sieht, wenn gelungen, wie eine rollende Kugel aus, bei der kein einzelner hervortritt, sondern alle sich zu einem Ganzen zusammenfinden müssen.

2. Jeder hat einen Stab in der Hand, alle legen sie in der Mitte zu einem Stapel zusammen. Nacheinander geht der einzelne zu dem Haufen der Stäbe und versucht, einen einzelnen Stab daraus hervorzuholen, ohne daß ein anderer Stab dadurch bewegt wird. Gelingt das nicht, so tritt er zurück und versucht es später noch einmal. Wir balancieren unseren Stab auf der flachen Hand, legen uns mit dem Stab auf der ausgebreiteten Handfläche lang auf den Boden und stehen wieder damit auf, arbeiten zu zweien oder dreien mit einem oder mehreren Stäben, wobei einzelne Gruppen besonders gelungene Übungen zeigen. Wenn die Schüler gut aufeinander eingespielt sind, gelingen oft sehr schöne und auch schwierige Übungen. Vom Gleichgewicht jedes einzelnen, an Phantasie und Einfühlung in den Partner wird viel verlangt und geleistet.

Diese beiden Anfangsübungen lehren den Schüler, daß nicht allein die kraftvoll zugreifende und zuschlagende Hand von Wert ist, sondern daß Energie auch dosiert, gelenkt, aufs äußerste präzisiert und das Gefühl dafür verfeinert und reguliert werden kann, wenn es die Lage erfordert, daß sie zudem abgestimmt sein muß auf die jeweiligen Partner und daß auch dieses Maßhalten und Abstimmen geübt werden muß, um zu einer Gemeinschaftsleistung zu kommen.

Der Hauptteil der Stunde ist den Übungen der Koordination gewidmet, bei denen Beine und Füße ebenso geschickt, ausdrucksfähig und intelligent wie Arme und Hände sein müssen, vor allem aber der Körper von der Mitte her gehalten und regiert werden muß, damit die winzigen, fortwährend wechselnden Akzente, Betonungen und Nuancen fließend und ohne jede Störung der totalen, ganzheitlichen Schreitbewegung ablaufen können. Im Hinblick auf die Musik werden auf diese Art Rhythmen, Phrasierung, Gliederung und alle Formelemente ins Räumliche übertragen — die musikalische Formenlehre ist ein Gegenstand des Rhythmikunterrichts. Ebenso wie die musikalischen Gegebenheiten lassen sich die sprachlichen Erscheinungen mit Gewinn durch Schreiten aus dem Hörbaren in das Sichtbare des Raumes übersetzen.

Diese Koordinationsübungen werden schon in den Kinderstunden versucht, sie sind eine ausgezeichnete Schulung des Willens, werden in einfachster Weise, fast nur als ein Spiel ausgeführt, verlangen aber auch in der leichtesten Form eine Willensanspannung und tragen dadurch aufs stärkste zur Bildung des Charakters und des Selbstvertrauens bei. Bei wachsendem Können erfreuen sie auch solche Schüler, die sie zuerst für schwer oder gar unmöglich hielten. Wenn das Kind anfänglich nur zwei- und dreisilbige Wörter im Gehen mit ihren Betonungen wiederzugeben sucht, so schließen sich daran bald die ersten Übungen der Metrik: wir unterscheiden Jamben, Trochäen, Daktylen in ihrem sprachlichen und dichterischen Zusammenhang und dringen auf diesem Wege tief in das Wesen der Dichtung ein. Denn der junge Mensch wird, sobald er das fließende Schreiten beherrscht, empfänglich für den großen Reiz des Rhythmischen in Vers und Strophenform, die auf diesem Wege ganz anders ins Gefühl dringen als vom Inhaltlichen aus, das doch nur Stoff für Ansätze liefert, aber dem Wesen des Dichterischen allein nicht gerecht wird. Von der Koordination aus öffnet sich ein neuer Weg zum Gebiet nicht allein der Muttersprache, sondern auch zu den Fremdsprachen, und man kann im Interesse unserer Jugend nur bedauern, daß er so wenig bekannt ist und begangen wird.

3. Ein kurzer Ablauf wird leise geklopft, danach geschritten und einige Male wiederholt:

Danach ein zweiter, etwas längerer Ablauf, die beide nacheinander ausgeführt werden, als ein Ganzes anzusehen sind und in Notenwerten oder den gebräuchlichen Zeichen der deutschen Metrik von jedem Schüler als Diktat aufgeschrieben, nachgesehen und eventuell berichtigt werden.

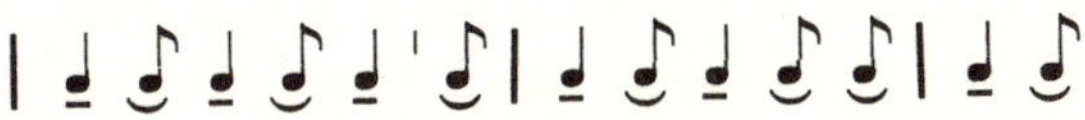

Den Schülern ist der Hexameter mit seinen sechs Hebungen aus früheren Stunden wohlbekannt, sie kennen auch eine Anzahl von Hexametern aus der deutschen und fremdsprachigen Literatur auswendig. Wir wiederholen einiges aus dem Gedächtnis. Im Tempo ihres Sprechens gehen sie leise summend vor sich hin, dann stellt sich einer oder der andere in die Mitte und spricht allein, deutlich skandierend, so daß die anderen, im Versmaß silbenweise nachschreitend, dazu gehen können, auch wenn ihnen der gesprochene Hexameter nicht bekannt ist. Dichter und Namen werden angesagt, jeder Schüler trifft selbst seine Auswahl. Heute hören wir zwei Beispiele:

Unter demselben Blau, über dem nämlichen Grün
Wandeln die nahen und wandeln vereint die fernen Geschlechter,
Und die Sonne Homers, siehe! sie lächelt auch uns.

(Schiller, Der Spaziergang)

Und:

Schwindelnd trägt er dich fort auf rastlos strömenden Wogen,
Hinter dir siehst du, du siehst vor dir nur Himmel und Meer.

Oft schließen sich hier Debatten an und lebhafter Meinungsaustausch sowohl zur Auswahl des Beispiels wie über die Art des Sprechens, das nicht übertreibend und pathetisch, aber deutlich und ausdrucksvoll sein soll und dem Wesen des Hexameters gerecht werden muß. Die Ausbildung der Stimme, „Sprecherziehung", ist wie der Tanz der Rhythmik nächst verwandt und spielt nicht selten in die Stunde mithinein.

Jetzt wird ein anderer Zweizeiler leise angegeben, beide Zeilen haben sechs Hebungen, dennoch sind es nicht zwei Hexameter. Wer spürt den Unterschied, kann ihn anschreiben?

Im Hexameter steigt des Springquells flüssige Säule,
Im Pentameter drauf fällt sie melodisch herab.

Wir sind beim Distichon, spüren die Zäsur in der Mitte der zweiten Zeile, zugleich aber auch die Bindung der beiden Zeilen zu einer Ganzheit. Wir zeigen den Ablauf und prägen ihn uns als einen Bewegungsvorgang ein. Wer kennt andere Distichen? Wir wissen von Schiller und Goethe, daß sie im „Musenalmanach 1797" eine große Anzahl von Distichen, „Xenien" oder Gastgeschenke genannt, an ihre Zeitgenossen verteilt haben, nicht selten, um Auswüchse der Zeit zu kritisieren und kenntlich zu machen. Viele davon sind als geflügelte Worte, Sentenzen und Weisheiten in den Sprachgebrauch übergegangen.

Zur nächsten Stunde sucht sich jeder Schüler wenigstens ein Distichon heraus, das ihm des Auswendiglernen und Behaltens wert erscheint.

3. Rhythmisches Zeichnen

Von den Schulfächern, die in besonderem Maße der Kunst gewidmet sind, steht das Zeichnen und Malen der Rhythmik am nächsten. Die ersten Zeichnungen entstehen schon in den ersten Rhythmikstunden, wenn das Kind sich bemüht, das im Raum eben Erlebte auf das Blatt oder die Tafel zu bringen. Im Rhythmikraum ist eine Längsseite mit einer Tafel ausgefüllt, so nieder, daß die Kinder sie gut erreichen, und so lang, daß etwa zehn Kinder, in einer Reihe davor stehend, auf ihr schreiben können und jedes für seine eigene Zeichnung genug Platz hat, alle Zeichnungen danach aber nebeneinander zu sehen sind und miteinander verglichen werden können. Die übrigen Kinder holen sich ihre leichte, abwaschbare Tafel, die für jedes Kind bereit liegt, oder sie liegen auch einmal bäuchlings auf dem Boden und malen mit weißer oder bunter Kreide. Hier wird aus dem Erleben geschaffen: Reihen oder Ketten aus Strichen oder Punkten, abwechselnd lang und kurz, aus Geraden oder Kurven, Vierecken und anderen einfachsten Figuren, so wie sie eben erlebt wurden und dem Kind zum Begriff geworden sind.

Als Bewegungsvorgang ist das Zeichnen mit dem Schreibenlernen der Zahlen und Buchstaben eng verbunden und bedarf wie dieses einer behutsamen und geduldigen Pflege und Übung, bis das Kind, frei von jeder Verkrampfung, bei ruhiger Atmung und gelöster Haltung mit Kreide und Stift hantieren lernt, also die schwunghaft angesetzte wie auch die geführte, von innen gelenkte Bewegung sicher und ruhig ausführen kann. Daher üben wir das Zeichnen am Anfang, indem wir dazu singen oder sprechen, lassen Arm und Hand in den Raum ausschwingen und anschließend die gleiche Bewegung auf Blatt oder Tafel übertragen. Der erste Schauplatz des Zeichnens ist die Tafel, aber die Kinder besitzen auch ein Heft, in dem sie daheim weiterarbeiten und das sie mitbringen und vorzeigen.

Auch soll jedes Kind seine eigene Zeichnung nachträglich selbst anschauen und begutachten: Ist mein Strich sauber, habe ich dabei gewackelt, sind die Abstände richtig, kann man erkennen, was gemeint ist, oder habe ich nur eine Kritzelei zustande gebracht? In ähnlicher Weise werden die Zahlen und Buchstaben in der Totalbewegung erlebt. (Auch die Füße können schreiben, wenn wir das Gleichgewicht dabei üben.)

In ihrer einfachsten Form gehören Zeichenaufgaben als erste und notwendigste Erlebnisse des Kindes schon in die ersten Lebensjahre, also in den Aufgabenbereich des Kindergartens als unentbehrliche Vorbereitung jeder körperlich-geistigen Entwicklung. Nur wenn der Kindergarten in dieser Beziehung versagt, muß das Unterbliebene in der Schule nachgeholt werden.

Der Erzieher, der einmal mit dem Zeichnen begonnen hat, wird in ihm eine bedeutende Hilfe finden. Denn das Zeichnen ist — ebenso wie die rhythmische Bewegung im Raum — das Ergebnis einer sowohl körperlichen wie geistigen Wachheit, einer Ganzheit, wie sie außerhalb der rhythmischen Erziehung nicht oft angerufen wird. Aber anders als die Bewegung, die im Augenblick vorübergeht und auch durch Wiederholung nicht faßbar zwischen dem Bewußten und Unbewußten pendelt, erlaubt die zeichnerische Darstellung den Einblick in den inneren Vorgang; in ihr erkennt der Erzieher viel von dem Temperament, der Fähigkeit zur Vertiefung und anderes vom Wesen seiner Schüler, kann auch Unverstandenes und Unzulängliches einsehen und kenntlich machen und hat auf diese Weise eine sichere Kontrolle über die Fortschritte der einzelnen Zöglinge. Denn es bahnt sich im Zeichnen — genau wie in der rhythmischen Bewegung — ein Ablösungsprozeß an; der Schüler lernt die Welt des Gegenständlichen mehr und mehr mit einer anderen, tiefer gelegenen Wirklichkeit vertauschen, einer Welt, die unsichtbar ist, aber auf strenger Gesetzmäßigkeit beruht und auf dieser Grundlage die Freiheit der Phantasie erlaubt. Ob hier vielleicht eine Hinwendung zur modernen Kunst spürbar wird?

Die hier mitgegebenen Zeichnungen stammen nicht von Kindern, sondern von Erwachsenen, die schon einige Jahre rhythmischen Unterricht hatten und daher über eine sichere Führung des Stiftes oder Pinsels verfügen. Leider kann von jeder Aufgabe nur eine Lösung gebracht werden. Das Erstaunliche ist gerade die Vielfalt und Besonderheit einer jeden Lösung zum gleichen Thema. Wird etwa eine Gruppe von dreißig jungen Menschen vor ein Thema gestellt, z. B. „Gegensätze“ oder „Beziehung zum Schwerpunkt“, so wird sich am Schluß jedes Blatt (es sind meist Großformate) von allen andern vollkommen unterscheiden. Es sind alles Freihandzeichnungen ohne Lineal und andere Hilfsmittel. Oft wird Farbe mitverwendet. Jedes vollendete Blatt trägt das Zeichen der Form; es soll den Eindruck der Sicherheit von Arm und Hand geben, die sich dem Blatt nicht anders einschmiegen als der ganze Körper dem umgebenden Raum, und es soll sich harmonisch dem Zeichenblatt anpassen. Man erlebt häufig, daß Menschen, die bisher niemals aus eigenem Antrieb malten oder zeichneten, gern zu Pinsel, Bleistift und Farbe greifen und dieses rhythmische Zeichnen als eine wohltätige Beschäftigung ansehen, die sie nicht mehr missen möchten und in der sie oft erstaunliche Erfolge haben. Ungeahnte Beziehungen zwischen den Dingen kommen zum Vorschein, des Suchens und Findens ist kein Ende.

Aus der Fülle der Möglichkeiten kommen hier nur solche Themen zur Darstellung, die in besonders enger Beziehung zu Sprache, Dichtung oder Musik stehen. Vom Standpunkt der Rhythmik aus gesehen, sind es vornehmlich Aufgaben zur „Kraft“, zunächst in ihrer Gegensätzlichkeit erlebbar: schwer—leicht; stark—schwach; betont—unbetont; dann als Abnehmen und Zunehmen der Kraft: musikalisch als crescendo-decrescendo benannt und bezeichnet < >; in weiterem Sinne als Wahrnehmung der Anziehung und Abstoßung (Zentrifugalkraft und Zentripetalkraft). Siehe dazu Seite 75 ff.

Sämtliche, hier enthaltene Zeichnungen sind in den Rhythmikstunden vielfältig vorbereitet, abgewandelt und immer neu erlebt worden. Die Art der vorbereitenden Übungen ist aus der Beschriftung der einzelnen Zeichnungen zu ersehen.

Merke: Alles, was im Raum erlebt wird, kann auch gezeichnet werden!

Anregungen zum Zeichnen

Zusammenstellungen der erlebten Raumformen (Kreis, Viereck, Dreieck)

Vorbereitung im Kindergarten: Erfahren der Raumbegriffe und Raumformen: vorwärts, rückwärts; hinten, vorne; neben, zur Seite, rund, eckig, gerade, gebogen, Zickzack usw.

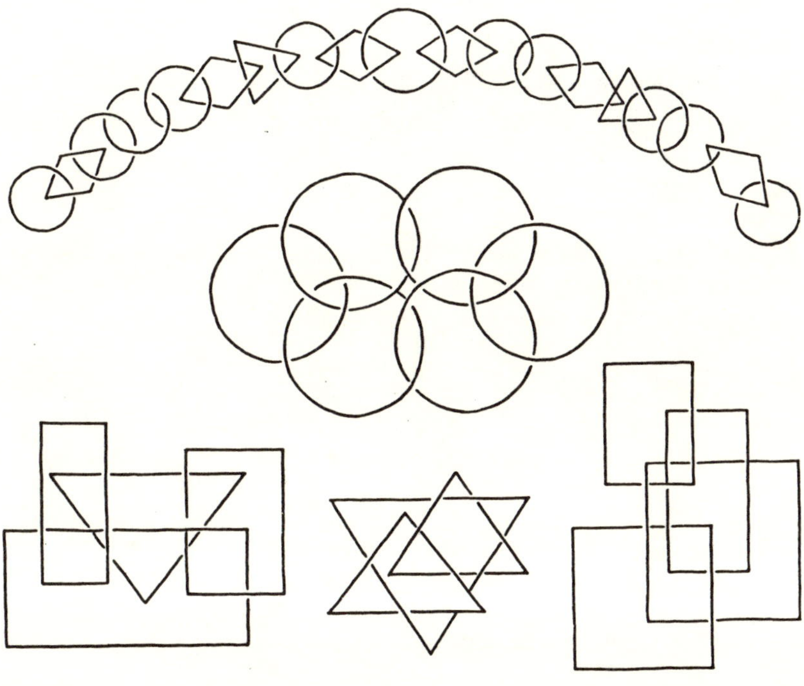

Raumaufteilung

Vorbereitende Übung (in der Schule) in der Rhythmikstunde: Das einzelne Kind durchschreitet, während die anderen zusehen, den Raum von einer Ecke in die schräg gegenüberliegende, ohne anzustoßen in lauter Kurven, dabei soll der ganze Raum besucht werden und keine größeren leeren Stellen behalten. Alle Kinder versuchen dasselbe.
Durchschreiten des Raums in gleicher Weise, aber in lauter Geraden, also

Raumaufteilung in Geraden

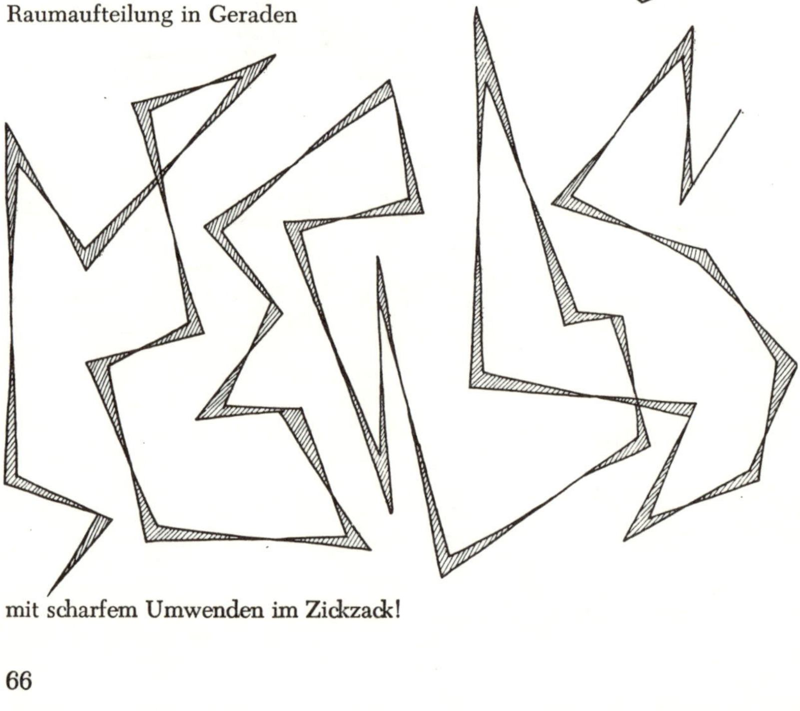

mit scharfem Umwenden im Zickzack!

Zeichenaufgaben:

1. Zeichne den Weg in Geraden! 2. Zeichne den Weg, den du gegangen bist, in Kurven! 3. Zeichne eine freie Raumaufteilung aus Geraden und Kurven, dabei können sich die Linien unterwegs trennen und in anderer Richtung fortfahren (schwer)!

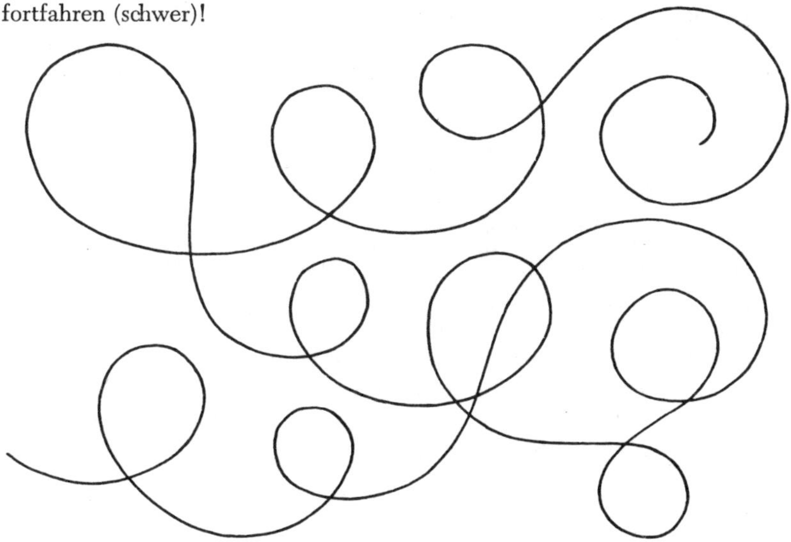

Raumaufteilung in Kurven

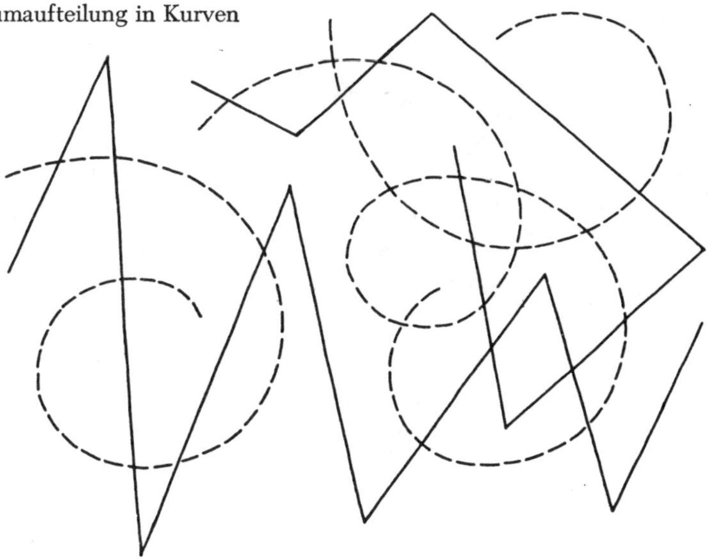

Raumaufteilung in Geraden und Kurven

Parallelbewegung und Selbständigkeit der Linien

Vorbereitende Übung in der Rhythmikstunde:
Paarweises Gehen der Kinder, der links Gehende führt mit leichtem Druck der Hand, der Partner paßt sich gut an. Es sollen gerade Linien auf dem Fußboden entstehen, oder aber es werden Bogen gegangen.
Die Paare bleiben zusammen, aber ohne Handfassung. Das führende Kind geht sicher und ruhig seinen selbstgewählten Weg voran, der Partner umspielt es, auch mit kleineren, schnelleren Schritten, doch so, daß er stets, vor- und rückwärts, mit dem Vorangehenden auf gleicher Höhe bleibt.

Zeichenaufgaben:

1. Zeichne eine Linie, die sich von links nach rechts in freiem Schwung über das Blatt hinzieht; zeichne einen ähnlichen Weg in Geraden!
2. Zeichne zwei Linien, die parallel laufen, so wie du mit dem Partner gegangen bist! Dies sowohl in Kurven wie in Geraden!
3. Zeichne zwei Linien, von denen die eine die Hauptlinie ist, stärker aussieht und von einer zweiten frei umspielt wird!
4. Zeichne zwei Linien, die zusammengehören, beide gleich bedeutend und eigenwillig sind, die sich aber gut ergänzen müssen, auch in gleicher Richtung gehen!

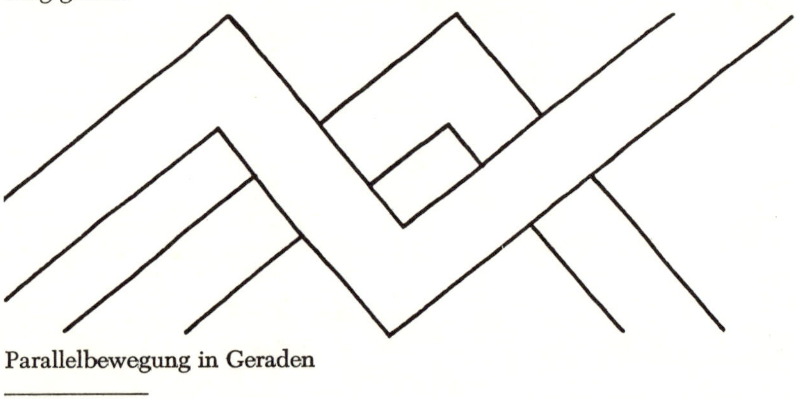

Parallelbewegung in Geraden

Anmerkung

Hier kann der Begriff homophone und polyphone Stimmführung im musikalischen Satz eingeführt werden. Unterscheide hörend zwei verschiedene Stimmen, die entweder beide gleich selbständig, d. h. sangbar sind oder von denen die eine nur als Begleitung, z. B. in Terzen und Sexten, gedacht ist! Auch ein vierstimmer Satz im alten Stil, bei dem die Melodiestimme, der Cantus firmus im Tenor, also in der zweiten Stimme von unten liegt, kann einmal entworfen werden.

Parallelbewegung in Bogen

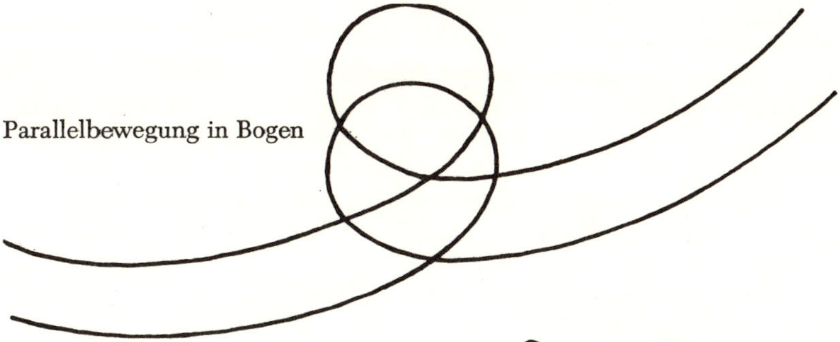

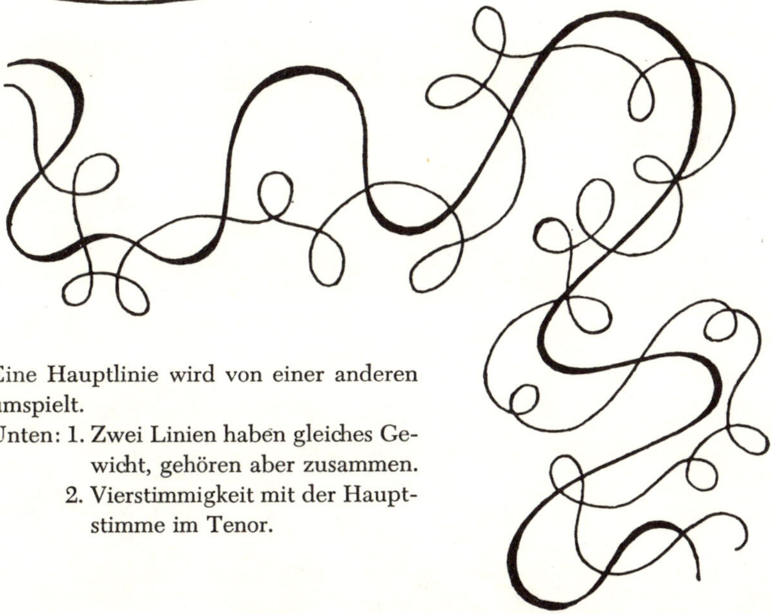

Eine Hauptlinie wird von einer anderen umspielt.

Unten: 1. Zwei Linien haben gleiches Gewicht, gehören aber zusammen.

2. Vierstimmigkeit mit der Hauptstimme im Tenor.

Unterschiede der Kraft mit allen Zwischenstufen

Vorbereitende Übung in der Rhythmikstunde:
Alle Kinder klatschen in die Hände, erst mit weichem, federndem kaum hörbaren Anschlag, dann allmählich lauter werdend bis zur größten Lautstärke, ebenso allmählich wieder abnehmend bis zum leisesten Verlöschen des Geräusches. Dasselbe auf den Fußspitz beginnend bis zum Stampfen und zurück. Zeige das Zu- und Abnehmen der Kraft auf andere Weise, vom Platz aus stehend oder mit einem selbstgewählten Gerät! Zeige den Gegensatz von stark und schwach auf deine Weise!

Zeichenaufgaben:

1. Zeichne eine einzelne Linie, die in sich das Zu- und Abnehmen der Kraft deutlich macht! Verbinde das Zeichnen dieser Linie mit einem ruhigen Atemzug! Nimm einen weichen Bleistift zu Hilfe und schraffiere notfalls nach!
2. Zeichne den Gegensatz von stark und schwach in freier Weise!
3. Zeichne den Übergang von leise zu laut und umgekehrt! In der Musik crescendo und decrescendo genannt und wiedergegeben mit dem Zeichen

< >

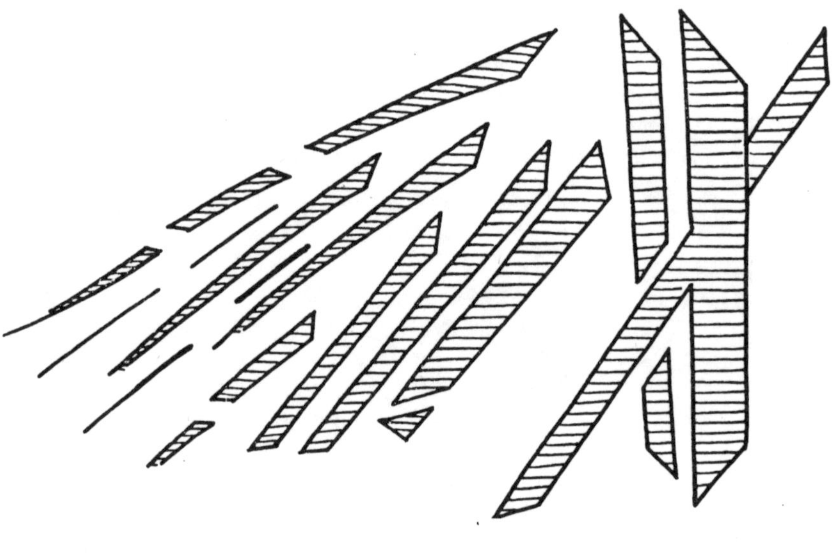

Allmähliches Zunehmen der Kraft in freier Form

Gegensatz von stark und schwach in freier Form

Unterschiede der Betonung im Zweier- und Dreierrhythmus

Vorbereitung in der Rhythmikstunde:

Es werden zweisilbige Wörter gefunden und festgestellt, daß eine der beiden Silben betont, die andere unbetont ist, die Betonung liegt entweder auf der ersten, z. B. König, Peter oder auf der zweiten, z. B. Musik, Kaffee. Wir lernen das metrische Zeichen dafür:

— ◡   ◡ —

In der Musik spricht man vom Zweitakt, der entweder mit einem Volltakt beginnt oder mit einem Auftakt, in der Notenschrift sieht das so aus:

| ♩ ♩ | ♩ | ♩

Zeige im Klatschen, welche der beiden Arten du meinst! Sprich deinen eigenen Vor- und Zunamen mit deutlicher Betonung aus! Gib das mit entsprechendem Tamburinschlag an! Finde Anfänge von Liedern und Gedichten mit betonter oder unbetonter Silbe, z. B.

Fest gemauert in der Erden — ◡ — ◡ — ◡ — ◡

oder:

Hurrah, das klingt wie Jagdgesang! ◡ — ◡ — ◡ — ◡ —

In der Metrik spricht man von Trochäus und Jambus!
Suche Beispiele, sprich sie gut skandierend aus!

Zeichenaufgaben:

1. Zeichne den Zweitakt oder Trochäus in fließender Bewegung von links nach rechts auf das Blatt!
2. Zeichne den Dreitakt, der die Betonung auf dem ersten, dem zweiten oder dem dritten Taktteil hat: in der Notenschrift steht der betonte Taktteil stets hinter dem Taktstrich, also

| ♩ ♩ ♩ | oder ♩ | ♩ ♩ oder ♩ ♩ | ♩

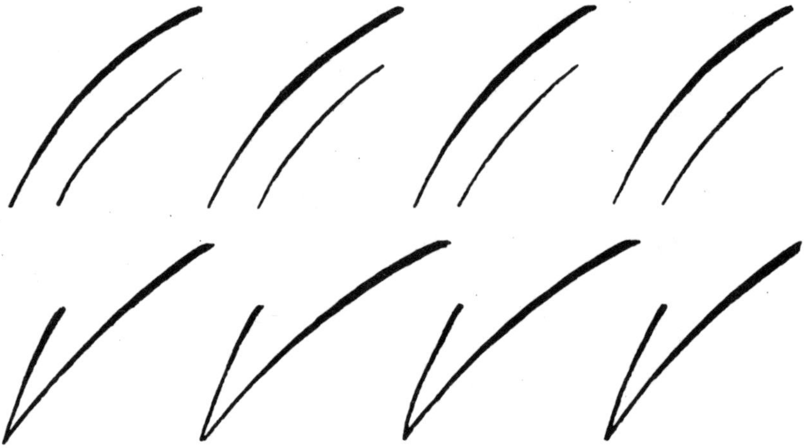

Zweitakt als Volltakt und mit Auftakt

Anmerkung: Um den grundlegenden Unterschied zwischen dem geraden Zweitakt und dem ungeraden Dreitakt, in weiterem Sinn zwischen straffer und schwingender Bewegung, Marsch und Tanz deutlich zu machen, liegt es an diesem Punkt nahe, wenn nicht improvisiert werden kann, eine gute Schallplatte zu Hilfe zu nehmen und alle Kinder sich dazu frei bewegen zu lassen, also entweder straff marschierend oder fröhlich tanzend und schwingend. Ebenso kann das Abnehmen der Kraft bzw. des Klanges auch sprechend vorgeführt werden, z. B. in Kellers „Waldlied“:

Arm in Arm und Kron an Krone steht der Eichenwald verschlungen.

Dreitakt mit wechselnder Betonung auf dem ersten, zweiten und dritten Taktteil

Beziehung zum Mittelpunkt

Vorbereitung in der Rhythmikstunde:

Es wird ein Punkt im Raum bezeichnet, vielleicht ein Stuhl hingestellt oder ein Ball auf den Boden gelegt. Um ihn soll sich die Bewegung vollziehen, sowohl des einzelnen Kindes, mehrerer Kinder oder der ganzen Gruppe. Dann stehen fünf Kinder an Außenstellen des Raums, zeigen auf den Mittelpunkt, gehen oder laufen auf ihn und gehen auf ihren Ausgangspunkt zurück. Andere umkreisen den Punkt, alle versuchen ihn zu umspielen, ohne einander dabei zu stören, also in genügendem Abstand von ihm bleiben.

Zeichenaufgaben:

1. Zeichne fünf Linien, die sich zum gemeinsamen Mittelpunkt hinbewegen!
2. Zeichne drei Linien, die sich zum Mittelpunkt hinbewegen, diesen umkreisen und sich wieder zu ihrem Ausgangspunkt zurückbewegen! Unterscheide die einzelnen Linien durch Druckstärke, Farbe oder andere Mittel!

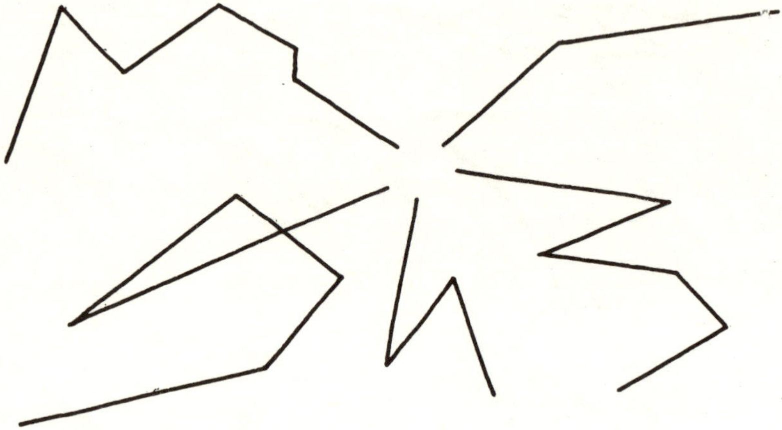

Fünf Gerade streben im Zickzack einen gemeinsamen Mittelpunkt an

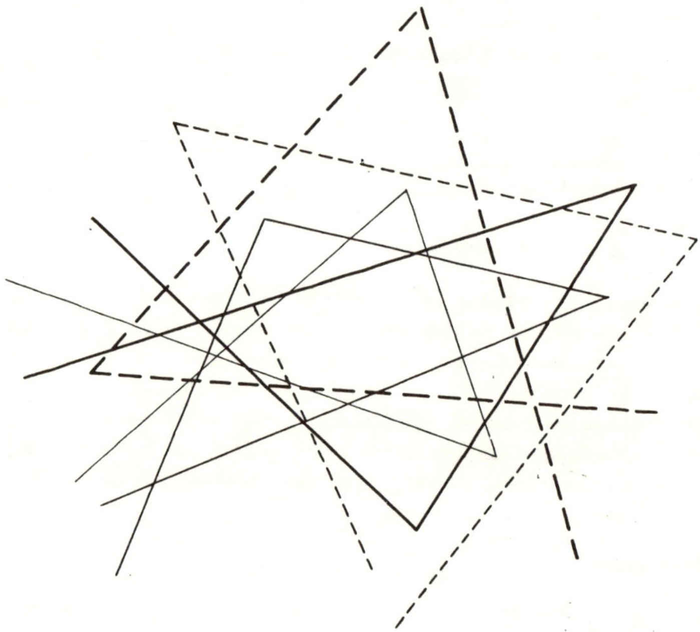

Vier Gerade umspielen den gleichen Mittelpunkt und kehren zum Ausgangspunkt zurück

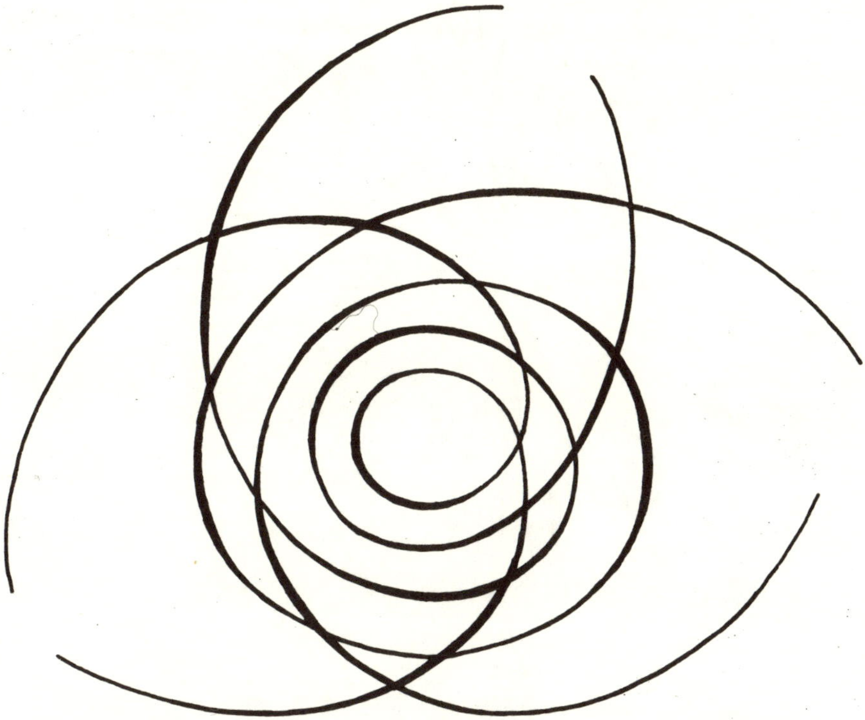

Drei Linien umspielen einen gemeinsamen Mittelpunkt

Beziehung zum Schwerpunkt

Die Kräfte der Anziehung und Abstoßung in ihrer Besonderheit werden körperlich in Haltung und Bewegung erfahren und bewußt gemacht. Auch unser Rhythmikraum hat einen Schwerpunkt, wo spüren wir ihn? Zeige ihn von deinem Platz aus mit der Hand, dem ganzen Körper, neige dich ihm zu, gehe auf ihn zu, aber nur so weit, daß du die anderen, die das gleiche tun, nicht störst! Zeige ihn mit geschlossenen Augen!
Zeichenaufgaben: 1. Zeichne den Gegensatz von Anziehung und Abstoßung in freier Gestaltung!

2. Zeichne die Beziehung der Dinge zum Schwerpunkt, in freier Form deutlich gemacht!

Nächste Seite: Gegensatz der Zentrifugal- und Zentripetalkraft in freier Form

Beziehung zum Schwerpunkt in freier Form

Beziehung zum Schwerpunkt in anderer Form

Die größte Anregung erhält die bildnerische Phantasie wohl bei den Darstellungen der Lied- und Strophenformen. (Liedformen entstehen bei leisem Singen, während der Stift wandert mit der Phrasierung des Liedes.) Es handelt sich bei diesen Formen keineswegs um rein logische Bezüge, sondern um weniger feste, verschwommenere und geheimnisvollere Zusammenhänge, die hier mitschwingen und sich in der Zeichnung niederschlagen; das geschieht auch in der Ausschmükkung, in der Einordnung auf das Blatt und auf andere Weise. Aufschlußreich sind auch die Beziehungen zur Musik, die für sich allein ein großes Kapitel darstellen.

Das Zeichnen in Lied- und Strophenformen ist vielleicht das stärkste Mittel, zur Kunst des Wortes, der Dichtung, in ein näheres Verhältnis zu gelangen, abgesehen vom Inhaltlichen, das meist allein für wichtig angesehen wird. Das braucht eine besondere Vorbereitung, zu der alle bisher genannten Aufgaben bereits hinlenken und vorbereiten. Sie beginnen im Grunde auch schon im Kindergarten und setzen sich in den unteren Schulklassen fort, z. B. auf folgende Weise: Ein neu zu erlernendes Lied wird zunächst einzig als musikalisches Gebilde, also ohne Text, der erst später hinzutritt, erarbeitet.

Einführung in die Liedform

Der Lehrer singt oder spielt ein bekanntes Volkslied, das hörend aufgenommen wird (ohne Text). Die Kinder gehen in ruhigem Tempo und mitsummend frei im Raum umher, sollen eine andere Gangrichtung überall dort einschlagen, wo die Melodie einen anderen Weg nimmt. Dies mehrere Male, bis jedes Kind die Phrasierung beobachtet.

Was haben wir beobachtet beim Gehen? Am Anfang waren sich zwei Sätze ganz gleich, dann kam ein anderer Teil, der sich auch wiederholte, und am Ende kam ein Satz, der ganz so war wie die beiden Anfangssätze.

Das Lied hat also drei Teile, genannt A B A. Das bedeutet, daß Anfang und Schlußsatz gleich sind, der Mittelteil sich deutlich abhebt. Wodurch unterscheidet er sich hier vom A-Teil? Ist kürzer, Melodie sinkt, während sie sich in A in weitem Bogen ausschwingt!

Wir wollen diesen Ablauf nur mit der Hand durch die Luft vom Platz aus zeigen, nehmen bei Wiederholungen auch die linke Hand (erf. spiegelgleich) zu Hilfe. Am Anfang sind beide Hände gefaßt, die rechte beginnt, am Schluß finden sich beide Hände wieder zusammen oder zeigen zum Endpunkt hin.

Dann soll die Liedform A B A in Kreisfassung dargestellt werden. Vielleicht so, daß der erste Satz von allen im Kreis vorwärts gegangen, der zweite rückwärts, der Mittelteil dagegen stehend mit Drehung nach links und rechts ausgeführt, der letzte Satz wieder in Kreisbewegung. Wer hat eine Idee, zeigt sie als Dirigent in der Kreismitte so deutlich, daß alle mitmachen können?

Zeichne die Form auf dem Fußboden sitzend oder an der Tafel stehend, stets dazu summend. Vergleicht die entstandenen Figuren! Wo ist die Form am besten zu erkennen? Wo kann der Betrachter sie singend verfolgen, während seine Hand auf der Zeichnung entlanggleitet? Wo ist nur ein Gekritzel entstanden?

Nicht alle Volkslieder haben die A-B-A-Form, andere sind zweiteilig gebaut. Sucht Beispiele zu beiden Arten!

Wenn ein bekanntes Lied, z. B.: „Ein Männlein steht im Walde“, gezeichnet wurde, so werden die entstandenen Formen bei aller Verschiedenheit im einzelnen dennoch im wesentlichen einander gleichen, etwa:

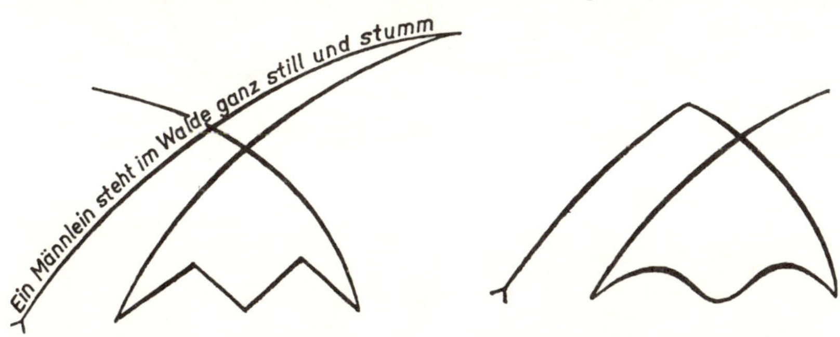

Der Erzieher kann an Hand der Zeichnung jede Unklarheit des Schülers genau erkennen und beseitigen.

Sobald sich der Erzieher darüber klar ist, daß alle die Form erfaßt haben, kann das Spiel mit der Form beginnen: z. B. die ganze Klasse oder Gruppe findet eine gemeinsame Lösung, oder einer, in der Mitte stehend, dirigiert, oder eine Zweier- oder Dreiergruppe bewegt sich im Raum und findet ihre eigene Lösung, die dann von allen angenommen und abgewandelt wird, oft in einem kleinen Tanz mit musikalischer Begleitung singend und mit Schlagzeug.

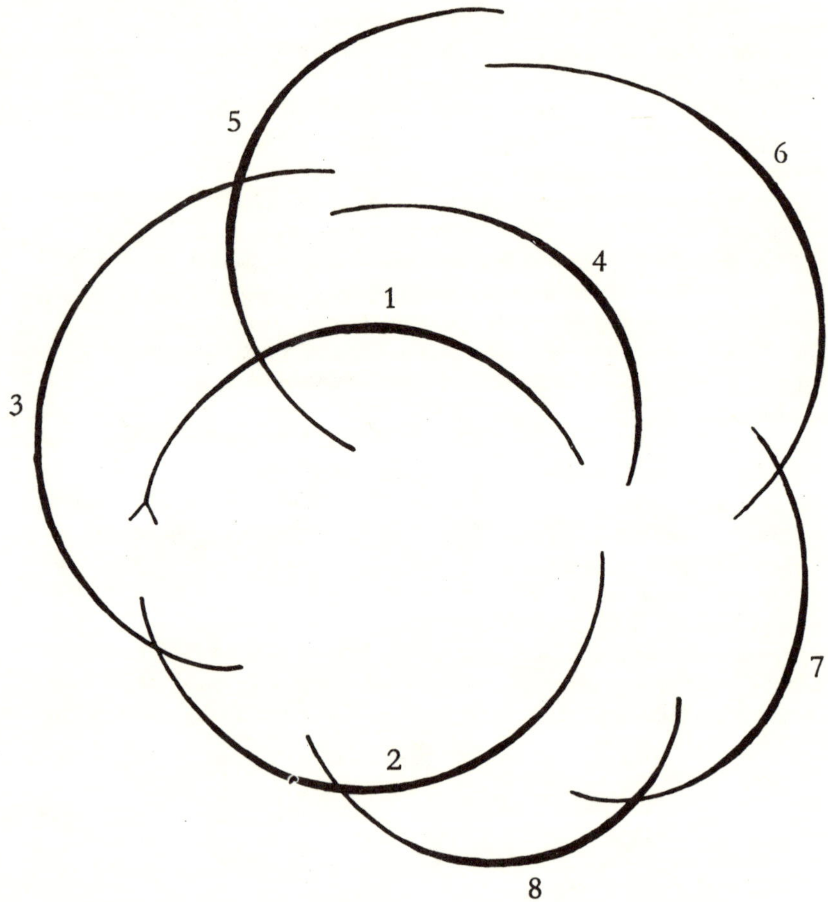

Schlafe mein Prinzchen, schlaf ein . . .

Einführung in die Strophenform

Ritornell

Ein vom Lehrer selbstgewähltes Gedicht wird von ihm gesprochen und hörend aufgenommen. Alle gehen, es leise mitsprechend, im Tempo der betonten Silben frei im Raum und wechseln bei jeder ihnen auffallenden Zeilenänderung leise die Richtung. Dasselbe tun sie allein mit Arm- und Handbewegung vom Platz aus, wobei auch der linke Arm mit dem rechten wechseln kann.

Sie hören und nehmen gedächtnismäßig auf:

Blühende Myrte,
ich hoffte, süße Frucht von dir zu pflücken;
die Blüte fiel, nun seh' ich, daß ich irrte.

Was haben wir inzwischen sonst beobachtet während des Gehens und Sprechens? Es ist eine Strophenform, bestehend aus drei Zeilen. Diese sind nicht gleich lang, sondern die erste ist kurz, die zweite länger und die dritte scheint uns am längsten von den dreien. Was habt ihr von den Reimendungen, der Reimanordnung beobachtet? Die dritte Zeile reimt sich mit der ersten, die zweite steht für sich allein. Was ist vom Inhalt zu sagen?

Die erste Zeile enthält nur einen kurzen Anruf, die zweite führt die angeklungene Vorstellung weiter aus, die dritte führt das ganze Bild zum vollen Abschluß, seiner Ausdeutung und Vertiefung. Zeige es mit einer Bewegung vom Platz!

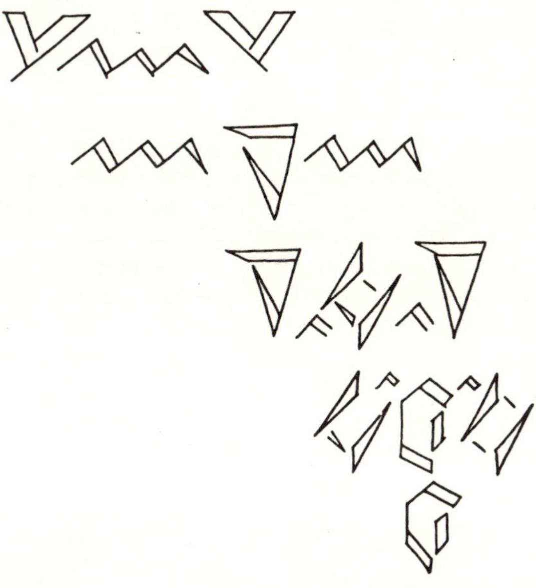

Wir haben es in unserem Beispiel mit einem Ritornell zu tun, einer Abart der Terzinendichtung, die uns von Rilke, Hofmannsthal und anderen bekannt ist. Dante schrieb seine Göttliche Komödie in Terzinen. Das hier gezeichnete Ritornell ist von Theodor Strom:

Blühende Myrte,
ich hoffte, süße Frucht von dir zu pflücken;
die Blüte fiel, nun seh' ich, daß ich irrte.

Schnell welkende Winden —
die Spur von meinen Kinderfüßen sucht' ich
an eurem Zaun, doch konnt' ich sie nicht finden.

Muskathyazinthen —
ihr blühtet einst in Urgroßmutters Garten,
das war ein Platz, weltfern, weit, weit dahinten.

Dunkle Zypressen —
die Welt ist gar zu lustig;
es wird doch alles vergessen.

Das Sonett

Jedes Sonett hat einen bestimmten Bauplan, den die Metrik regelt und den wir in der Zeichnung wiederfinden wollen. Aber jedes Sonett hat auch ein inneres Leben, das die Einmaligkeit und den Reiz des Gedichts ausmacht, im Hin- und Herschwingen der Gedanken und ihrer unzähligen Nuancen unser Empfinden anspricht und sich, bewußt oder unbewußt, in der Zeichnung ebenfalls widerspiegeln wird.

In dieses innere Gefüge sich zu vertiefen wird mit Worten kaum gelingen, aber dem Zeichnen steht es offen, in ihm drücken sich außerdem Temperament, Phantasie und Einfühlung aus, so daß das Gedicht oft wie neu erscheint, wenn es als Bild vor uns steht. Daher beginnen wir das Zeichnen mit der Wahl eines bestimmten, uns besonders ansprechenden Gedichts.

Das Sonett besteht aus vierzehn Zeilen, die sich in vier Strophen gliedern: zwei Vierzeilern, und nach einem deutlichen Einschnitt folgen zwei Dreizeiler. Der Schluß bringt eine klar pointierte, die ganze Form krönende Schlußzeile.

Die Reimordnung ist: a b b a
a b b a
c d c
c d c

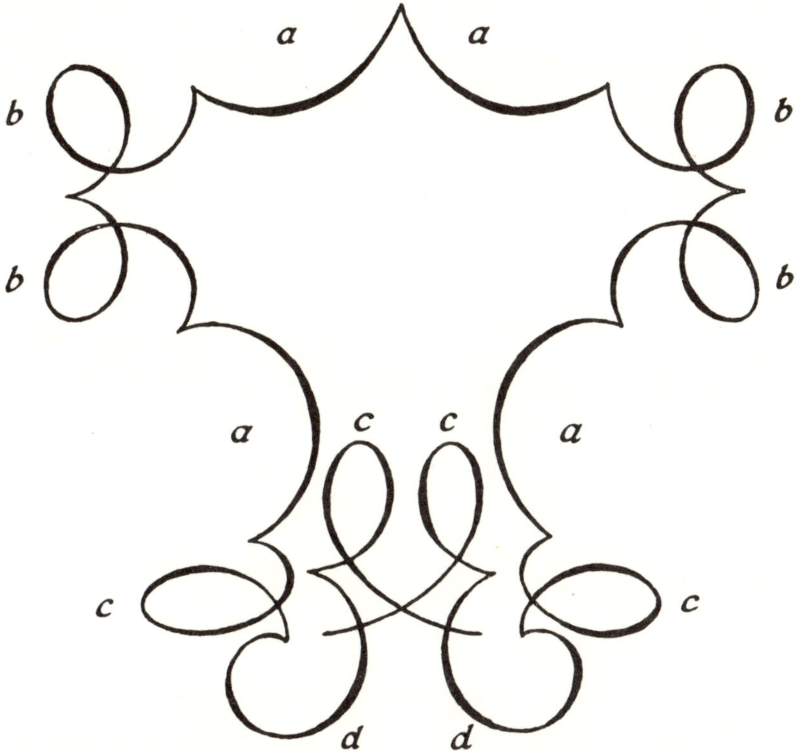

Das Sonett auf zwei verschiedene Weise (vgl. auch nächste Seite).

Natur und Kunst, sie scheinen sich zu fliehen,
Und haben sich, eh man es denkt, gefunden;
Der Widerwille ist auch mir verschwunden,
Und beide scheinen gleich mich anzuziehen.

Es gilt wohl nur ein redliches Bemühen!
Und wenn wir erst in abgemeßnen Stunden
Mit Geist und Fleiß uns an die Kunst gebunden,
Mag frei Natur im Herzen wieder glühen.

So ist's mit aller Bildung auch beschaffen:
Vergebens werden ungebundne Geister
Nach der Vollendung reiner Höhe streben.

Wer Großes will, muß sich zusammenraffen;
In der Beschränkung zeigt sich erst der Meister,
Und das Gesetz nur kann uns Freiheit geben.

Das dargestellte Sonett ist von Goethe

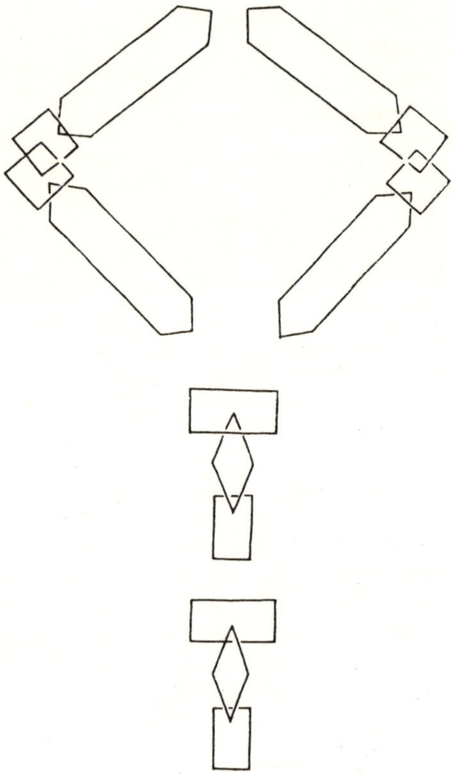

Das Distichon

bestehend aus einem Hexameter und einem Pentameter, setzt beim Zeichnenden ein feines Gefühl für den Wechsel betonter und unbetonter Silben (Daktylus und Anapäst) voraus, die er beim Schreiten im Raum kennengelernt hat. Hexameter und Pentameter sind gleich gebaut: auftaktlos und mit einer deutlichen Pause oder Zäsur nach der dritten Hebung. Der Unterschied der beiden Zeilen ergibt sich nach der Pause: der Hexameter beginnt mit einer unbetonten Silbe oder Senkung, der Pentameter mit einer Betonung, also ohne Auftakt, so daß ihm eine Silbe fehlt. Das metrische Schema sieht also so aus:

— ◡ ◡ — ◡ ◡ —’ ◡ — ◡ ◡ — ◡ ◡ — ◡’

— ◡ ◡ — ◡ ◡ —’ — ◡ ◡ — ◡ ◡ —’

Die ganze zweiteilige Strophe ist in ihrer Aussage meist antithetisch, gegensätzlich, oft lehrhaft und prägnant in Spruchform, als Beispiele dienen die vielen Distichen, „Xenien“, von Goethe und Schiller.

Kinder sind Rätsel von Gott und schwerer als alle zu lösen,
Aber der Liebe gelingt's, wenn sie sich selber bezwingt.

Fr. Hebbel

Wenn der Beschauer sich die Mühe gibt, Silbe für Silbe die Zeichnung vom Anfang bis zum Schluß des Textes zu verfolgen, wird er die Ausgewogenheit der Form spüren, die sich hier ergibt.

Nachwort

Wie sehr das Anliegen der Zeit dahin geht, in das Unkomplizierte, das einfach Menschliche zurückzufinden, geht aus dem Blick in das Schrifttum in Tageszeitungen, Berichten von Kongressen und ähnlichem, aber auch aus den Aussprüchen der großen Denker aller Zeiten hervor. Ich greife eine Anzahl von ihnen heraus, weil sie vielleicht deutlicher als alles bisher Gesagte für eine Wende in der Erziehung sprechen.

„Die Volksschule müsse gleichsam doppelgeleisig vorgehen, d. h. die mythische Welt des Kindes abbauen und zur Sachlichkeit, Ordnung und Arbeit erziehen, aber nicht mit Ungeduld. Jede Altersstruktur müsse voll durchlebt werden, die Gesamtentfaltung unserer Kultur werde sonst bedroht durch einen Phantasiemangel, an dem Schule und industrielle Umgebung gleich schuld seien. Auch die allgemeine Kontaktschwäche müsse bedacht werden, Sache und Seele vereinen, also nicht nur Verbindung von Denken und Tun, sondern Denken und Handeln in der Gemeinschaft" (Eduard Spranger).

„Die Schule, besonders die Volksschule, soll doch wohl jedem das Rüstzeug für das Leben mitgeben. Was gehört nun aber zu diesem Rüstzeug, und was ist das Wichtigste? Diese Frage läßt sich sicher beantworten, wenn man sich einmal überlegt, woran heute die meisten Menschen im Leben scheitern. Scheitern sie etwa, weil sie nicht wissen, wieviel vier Prozent von fünfhundert sind, und weil sie in der Rechtschreibung Ehre mit Ähre verwechseln? Oder scheitern sie vielleicht, weil sie nach Austritt aus der Schule nur noch für das Geld, für den Tanzboden und seine übelsten Folgen in biologischer und sittlicher Beziehung leben? Meiner Ansicht nach geraten mehr Menschen wegen des zweiten Grundes in ein falsches Fahrwasser, und wer erst einmal darin ist, kommt kaum wieder heraus. Am meisten besteht diese Gefahr für den Volksschüler, weil er ziemlich früh dem Leben überlassen wird und weil ihm zuviel Stoff ins Leben mitgegeben ist und zuwenig von all den Dingen, für die man ab und zu mal den Sonntag opfern sollte.

Ist es nicht so, daß unser Schulwesen, einschließlich aller Fachschulen, in Stoff und Wissen erstickt? Präsentiert nicht unser ganzes Leistungs- und Prüfungssystem in Deutschland unsere geistige Ohnmacht, weil ein Mensch heute nur noch nach dem bewertet wird, was er für eine Unzahl von Prüfungen erbüffelt und in zwei Jahren wieder vergessen hat?" (Ernst Laue, Gedanken zur Schulreform, in: Stuttgarter Zeitung.)

„Wir irren durch ein Haus der Welt, dem der Hausfreund fehlt, jener nämlich, der in gleicher Weise und Stärke dem technisch ausgebildeten Weltgebäude und der Welt als ein Haus für ein ursprünglicheres Wohnen zugeneigt ist. Jener Hausfreund fehlt, der es vermöchte, die Berechenbarkeit und Technik der Natur in das offene Geheimnis der erfahrbaren Natürlichkeit der Natur zurückzubergen" (Heidegger).

„Jede noch so spezialisierte Arbeit muß im Bewußtsein ihrer Verknüpfung mit dem lebenswichtigen Universellen bleiben. Manche Wissensgebiete sind statisch, lebensfremd und reif zum Abbau geworden, während andere Gebiete sichtbar werden, auf denen große Probleme und Tatsachenmengen noch unbekannt und unverarbeitet geblieben sind" (Alfred Weber).

„Das Problem ist nicht die Atomkraft, sondern das Herz des Menschen" (Einstein).

„Ich bin fest überzeugt, daß eines Tages ein neuer, gütiger Menschentyp die Welt bewohnen wird. Wir haben nur die Pflicht, dieser gottgewollten Entwicklung nicht entgegenzuarbeiten, sondern mit ihr zu gehen" (Domagk).

„Wir stehen vor der Frage, nach Alfred Weber, ob der Typ des um Freiheit und Menschlichkeit ringenden Menschen künftig die Welt regiert oder der Roboter einer bürokratisch-autokratischen Terrormaschine. Weber meint das letztere: ‚Wir stehen am Ende der alten vielfältigen bisherigen Geschichte und dem Beginn einer Menschheitsepoche, die gänzlich neue, in der Welt bisher nicht bekannte innere und äußere Gesamtaufgaben stellt und eine gänzlich neue Art des Gesamtablaufs haben wird.' Menschen werden rücksichtslos wie Anfeuerungsmaterial verbraucht, wir stehen in einer weithin sinnentstellten Welt, durch den Menschen selbst sinnentstellt. Jeder einzelne, der sich nicht bloß geworfen vorkommt und ein Kraftzentrum bildet, kann helfen, den heutigen Menschentypus zu retten und zu verwandeln“ (Domagk).

„Der Mensch sollte das Maß der Dinge sein. Statt dessen ist er ein Fremdling in der von ihm geschaffenen Welt. Er war unfähig, diese Welt zu seinem Vorteil zu organisieren, weil er keine praktischen Kenntnisse seiner Natur hat. Der Mensch ist der Gipfel des Geschaffenen. Verkommt er, dann vergeht die Schönheit der Kultur, dann schwindet das Erhabene aus der natürlichen Welt“ (Alexis Carrel).

Wenn man annimmt, daß Rhythmik nur Anstrengung sei, so weiß man nicht, wie glücklich das geistige Moment den Menschen, welcher Art er auch sei, machen kann, sobald der kleine Funke aufleuchtet. Es ist dieselbe Glückseligkeit, die der große Entdecker spürt, wenn ihm langgesuchte Zusammenhänge aufleuchten, sich zu Formeln verdichten.

„Eßkonserven, Musikkonserven, Theaterkonserven ernähren den fortgeschrittenen modernen Menschen. Künstliche Denk-Fühl-Sprechorgane werden hergestellt im Raum der Rakete. Denkmaschinen, Roboter, Elektronengehirne strengen Nerven und Gemüt bei der Kontrolle ebenso an, wie sie Arbeit abnehmen. Technische Routine und mechanische Geschicklichkeit werden verlangt. Seeleningenieure testen die Bewerber für Arbeitsplätze in Büros und Fabriken. Betriebspsychologen sorgen für Erkundung der inneren Welt ohne Wände, man behorcht und beobachtet die Unterhaltung der Kandidaten. Griff nach der Allmacht, nach der Natur, nach dem Menschen“ (Robert Jungk, Die Zukunft hat schon begonnen).

„Zum Erstaunen bin ich da — Erstaunen ist ein schöpferischer Zustand. Das Höchste, wozu der Mensch gelangen kann, ist das Erstaunen, und wenn ihn das Urphänomen in Erstaunen setzt, so sei er zufrieden; ein Höheres kann es ihm nicht gewähren, und ein Weiteres soll er nicht dahinter suchen, hier ist die Grenze“ (Goethe an Eckermann).

Es ist die unbegreifliche Tatsache der Schöpfung, ihrer Gesetzmäßigkeit und Unendlichkeit in Raum und Zeit. Unsere Bildung ist diesem naiven Staunen sehr abträglich. Der Mensch von heute legt Wert darauf, daß er überall Bescheid weiß und sich nicht verblüffen läßt. Die Ökonomie des Lebenskampfes zerstört dadurch die feinen Leitungen, mit denen der Menschengeist die oft so schwer faßbaren Botschaften aus dem Land der unentdeckten Wunder, der noch ungeborenen Gedanken, Ideen und Erkenntnisse empfängt. Je näher die Menschheit mit ihren Hebeln und Schrauben, mit Retorten und Analysen dem Urphänomen auf den Leib zu rücken meint, um so mehr entfernt sie sich von ihm.

„Nie zuvor hat der Mensch in einem solchen Ausmaß wie heute geplündert und verwüstet. Der Mensch ist nichts, wenn er kein Genie ist, den Keim des Wunderbaren, der in jedem Menschen verborgen sein kann, lebendig zu erhalten, wundervoll zu leben, wundervoll zu denken, wundervoll zu sterben!" (Henry Miller.)

„Die Lehrpläne lieben es, die Schulung der geistigen Kräfte an erste, die Stoffvermittlung an zweite Stelle zu setzen: in Wirklichkeit befaßt man sich vor allem mit der Stoffvermittlung und ist dann der guten Hoffnung, daß im Umgang mit so wertvollen Stoffen die geistigen Kräfte der jungen Menschen ganz von selbst in die Richtung wachsen, von welcher der Lehrplan spricht" (Konrad Zeller, Lehrplan der Schulwirklichkeit).

„In diesem Zeitalter der Aufklärung, der Steigerung des Wissens und Könnens, im Glauben an den Fortschritt ist oft unverständlich geworden, worauf es für den Menschen eigentlich ankommt. Während die realen Dinge in der Welt deutlicher als je wurden, hat sich die Wirklichkeit verdunkelt. Überall und im ganzen steht das Zeitalter vor der Frage nach der Umkehr" (Jaspers).

„Die technisch-allgemeine Veröffentlichung des Daseins, die Entfernung von der Basis des Naturhaften steigert sich mehr und mehr. Die Welt ist das Gegebene und das Aufgegebene. Der heutige Mensch kann nicht herrenlose Naturmächte weiter in die Hand bekommen ohne gewisse Voraussetzungen, die außerhalb des Fachlichen liegen, entsprechend innere Kraft muß vorhanden sein, Erkenntnis des Wertes und sichere Seelenhaltung. Muß jede neue Erkenntnis sofort allen zugänglich gemacht werden? Die Technik ist heute viel weiter als die bei ihr vorauszusetzenden Haltungen, die noch nicht da sind" (Romano Guardini, Vortrag).

Ein düsteres Bild spricht aus allen Zeitdokumenten zu uns. Die Gefahren der Vermassung, Abstumpfung, der Feindseligkeit aller gegen alle nehmen zu. Die Forderung nach Einkehr, Besinnung kehrt in allen Diskussionen und Leitartikeln wieder. Wir haben Angst vor der Zukunft, vor der Situation in der Welt und vor der Leere in uns selbst. Kaum eine Epoche hat mehr aufgewendet für ihre Sicherheit als die heutige, und keine ist dermaßen von Angst besessen. Erkennen wir die elementare Tatsache, daß Leben an sich stets Wagnis ist. Die innere Gefaßtheit kommt nicht aus der Lebensrente, der Pensionsberechtigung, dem gutgehenden Geschäft. Unsere Sicherheit kommt von gültigeren Gesetzen und Mächten her, von jenen Sternen, die keine Weltraumfahrt je erobern wird.

Sollte es nicht an der Zeit sein, die Grundlagen menschlicher Bildung und Erziehung sachlich, unbefangen neu zu bedenken, losgelöst von jeder Fachgelehrsamkeit, nur auf das Menschliche bezogen, das in Gefahr ist? Dem Lehrerstand müßte eine überragende Bedeutung zukommen.

Wäre es nicht ratsam, dem jungen Menschen eine Periode der ruhigen Entwicklung zuzuweisen, in der er, frei von allen gebräuchlichen Sicherungen und Erleichterungen durch technische Apparate und Hilfsmittel, einzig und allein auf seine körperlichen Organe angewiesen ist, seine eigenen Möglichkeiten nützen muß, seine Reserven kennenlernt und mit seinen gleichaltrigen Partnern zusammen sich zu behaupten lernt in einer Welt der natürlichen Zusammenhänge und Gesetze? Einer Welt, in der die Einfachheit herrscht, die unbegrenzt in ihrer Vielseitigkeit ist?

Es mag befremden, daß hier soviel Wert auf die Einfachheit gelegt wird — Einfachheit in der Aufgabenstellung, Einfachheit im Umgang mit dem kleinen Schüler, dem nur eben durchschnittlich Begabten als Mitarbeiter des Lehrers, Einfachheit als Erfordernis und methodisches Mittel. Aber in der Pädagogik ist Einfachheit kein Vorwurf. Der Erzieher braucht Einfachheit, um sich in den jungen Menschen und seine Denkweise zu versetzen, sich ihm mitzuteilen. Ohne Einsatz seines Wesens wird er wenig erreichen. Deshalb sind vielleicht die Frauen so viel mehr in der Rhythmik zu Hause, alles ist ihnen gleich nahe wie dem kleinen Menschen, und der wieder fühlt sich verstanden und gibt Auskunft. Wer nicht ein Stück des Elementaren in sich bewahrt, wird die Pädagogik des Elementaren in ihrem Wesen und in ihrem Reiz nicht begreifen. Der rhythmische Unterricht mit Knaben ist für den männlichen Erzieher, der seine Sache versteht, ein höchst lohnendes und dankbares Gebiet.

Das Niemandsland des Rhythmischen, wie es hier gemeint und dargestellt wird — also nicht das Erdenken netter Formen, Tänze und Spielstücke, die den Zuschauer erfreuen, sondern die stille, behutsame und forschende Arbeit an jedem einzelnen Kind der Klasse —, scheint eine Utopie zu sein und allzu hohe Ansprüche an den Lehrer zu stellen. Nicht nur daß er kaum Ermutigung und Anerkennung seiner Oberen erwarten darf, er muß ja auch bereit sein, ein neues Gebiet der Pädagogik zu erobern, die Pädagogik des Elementaren und Dynamischen, losgelöst von allem Fachlichen, er muß lernen, die Sprache der Bewegung in ihrem geistigen Bezug zu erkennen. Nur wer immun gegen Vorurteile und Meinungen ist, wird den Mut finden, eine noch kaum begangene Straße für sich allein zu gehen und sie, wenn möglich, sogar für die Nachkommenden abzustecken.

Die rhythmische Arbeitsweise hat seit ihrem Bestehen zu Anfang des Jahrhunderts jeden Schritt ihres Weges gegen alle erdenklichen Widerstände ankämpfen müssen: Angriffe, Mißverständnisse, Einwendungen und Vorwürfe von allen Seiten! Jedem Vertreter der Arbeit war bewußt, daß er das Wesen des Rhythmischen infolge seines Pendelns zwischen dem Bewußten und Unbewußten niemals überzeugend erklären könne, daß der Rhythmik im Grunde trotz der absoluten Sachlichkeit und Wahrhaftigkeit der Aufgaben etwas Geheimnisvolles, nicht Mitteilbares anhaftet und daß der große Reiz, den sie ausübt, eben daher kommt, daß man ihre Bedeutung eher ahnen als mit Zahlen belegen und beweisen kann. Wir ermuntern also niemand, der auf Sicherheit bedacht ist, sich mit dieser Arbeit einzulassen!

Die hier angedeutete und vorgestellte Planung eines rhythmischen Unterbaus für alle Schulfächer ließe sich — mit dem Einverständnis und einiger Vorbereitung der Lehrer — ohne besondere Schwierigkeit und Kosten in die Tat umsetzen, ebenso wie auch jeder Lehrer sowohl in der Dorfschule wie in der Stadtschule seine eigenen Versuche anstellen kann.

Um den Versuch in größerem Umfang zum Gelingen zu führen, müßten einige Voraussetzungen gegeben sein:

Er müßte allgemein anerkannt und bejaht werden, also möglichst jedem Kind in Stadt und Land zugute kommen. Das wäre möglich, wenn sich einmal ein ganzes Land oder ein Regierungsbezirk aus unserem geteilten Vaterland generell dafür einsetzte!

Der Versuch müßte sechs Jahre hindurch weitergeführt werden, das heißt, das Kind wird zwei Jahre hindurch (zwischen vier und sechs) im Kindergarten und vier Jahre hindurch (zwischen sechs und zehn) in der Elementarschule rhythmisch erzogen, ehe die Spezialisierung beginnt.

Der Vorrang der Bewegung vor dem Wort müßte klar sein. Er ist so offensichtlich, daß jeder, der ihn einmal an sich selbst erfahren hat, davon nicht mehr abgehen wird. Dieser Vorrang ist aber unbegreiflich für alle diejenigen, die durch Worte erzogen sind und in ihnen das einzige Bildungsmittel sehen, die den ungeheuren Reichtum an Worten mit der Wirklichkeit verwechseln, die glauben, weil etwas gesagt worden ist — und mit sehr schönen und klugen Worten —, sei es auch bereits getan, die in Büchern suchen, um Quellenforschung zu betreiben, die das Komplizierte schätzen, weil es kompliziert ist, und das Einfache verachten, weil es einfach ist. Mit anderen Worten: ein Umdenken müßte geschehen, ein Sichöffnen für etwas Neues, das noch nicht da ist, aber auf uns zukommt.

Für die Erziehung als Beruf und Wissenschaft würde die völlige Einbeziehung der Bewegung in den Vorgang des Lehrens und Lernens einen tiefgreifenden Wandel bedeuten, der schließlich in jedes einzelne Schulfach hineinwirkt, ähnlich wie die Entdeckung der Relativitätstheorie das Bild der modernen Physik grundsätzlich beeinflußt hat.

Wir wissen nicht, was die Zukunft bringen wird. Uns bleibt nichts, als neue Möglichkeiten und Wege vorzustellen, in aller Bescheidung und ohne jede Aussicht auf Erfolg. Es bleibt das Wort des Prinzen von Oranien:

> Man muß das Werk beginnen, auch ohne Hoffnung auf Erfolg,
> und durchhalten, auch wenn das Gelingen ausbleibt.